Interlingua
Clave al linguas occidental

インテルリングア語

西洋諸語への扉を開く鍵

原作：イングヴァール・ステンストロェーム

テキストと解説

翻訳・翻案：吉田　茂

スウェーデン・インテルリングア語協会

ISBN 978-91-637-3714-5

イラスト:レナート・イェーガー　Lennart Jäger

© イングヴァール・ストロェーム 2013

編集: スウェーデン・インテルリングア語協会 2013

印刷:ルル、www.lulu.com

原作の題名： Interlingua – instrumento moderne de communication international（国際的な意思疎通のための現代のツール）(Stockholm 1972)
著者: Ingvar Stenström
ingvar.stenstrm@telia.com

翻訳及び翻案: Shigeru Yoshida
polyglot@nifty.com

レイアウト及び編集: Bent Andersen e　Erik Enfors
顧問: Satoko Berger-Fujimoto

目次

はじめに/Prefacio 4

この本の使い方/ Como studiar iste libro 5

発音/Pronunciation 6

本文/Textos 11

解説/Explicationes 84

本文中の質問の答え/Responsas al questiones in le
    textos 152

第2部の練習の解答/Solutiones del traduction 155

Ingvar Stenström による出版物/ Publicationes
    de Ingvar Stenström 158

重要な住所／連絡先/Adresses importante 160

単語表：インテルリングア語で頻出する 2,000 個の単語/
Vocabulario ― Lista alphabetic 161

付録：インテルリングア語の紹介/Informationes re
    Interlingua 184

謝辞/ Regratiamentos 190

はじめに/PREFACIO

インテルリングアは欧米各国語への鍵になる言語です。

今日の世界では国際的なコミュニケーションがどんどん重要になって来ました。そういう意味でこの本はあなたのお役に立つことでしょう。

インテルリングアは習得が大変やさしい言葉です。綴り通りの発音、文法は非常に簡素。語彙はラテン語が源であるイタリア語、スペイン語、ポルトガル語、フランス語、英語の中で最低三ヶ国に共通の単語で出来上がっています。選ばれた単語の多くは他のヨーロッパの言語でも共通です。

ということはイタリア、スペイン、ポルトガル、フランスそして中南米各国の人々(6億人!)がインテルリングア語で書いたものを理解出来るし、発音を正確に、単語をうまく選択して話せば、理解してもらうことも出来ます。

今や英語が国際的な組織で主流を占めていますが、大国となったアメリカ合衆国と英国はこの言葉を母国語としない人々に対して常に有利な立場を保つことができます。文法の複雑さ、綴りと発音の不一致などによって、私たちが英語を完全に駆使できるようになることはほとんど不可能です。

言語上での平等性を得るために、色々な補助言語が創造されてきました。どの民族も自国語と、もう一つの共通語さえ出来ればよいという発想です。

一番よく知られているのがエスペラント語ですが、色々な言語の混合で、多くの単語は人造語です。エスペラント語では世界に散存する 20 万人のエスペランティストとしか意思の疎通ができません。

それに対して、インテルリングア語なら基礎知識のみでラテン系民族と少しでも話ができます。インテルリングアはまた自然科学や人文科学方面の国際的学術用語を理解する手助けにもなります。

あるインテルリングイストは興奮して「僕が世界でインテルリングアを学んだ唯一人の人間であったとしても、何億人もの人が僕を理解できるという利点があるんだ!」と叫んだそうです。

インテルリングアについてはこの本の最終部にある付録で補足説明がしてあります。またホームページ www.interlingua.com、フェイスブックやスカイプなどで他のインテルリングイストとコンタクトを取りましょう。

さあ、それではいよいよ始めましょう!

この本の使い方/
COMO STUDIAR ISTE LIBRO

本文中の脚注番号はこの第二部の各説明項目を示します。

一般的に本文を理解するためには、参照すべき段落を直ぐに読む必要はありません。コースを読み進む時に同一段落への参照案内が後で幾つか出てくる可能性があります。

各単語の発音に充分注意しながら単語表("lista de vocabulos")を 2,3 回繰り返し読み進み各レッスンの学習を始めて下さい。下記に示した最初の最も重要な強勢の規則を忘れないで下さい：最後の子音の直前母音を強調する。従って：

cantar 歌うこと
canta 歌う
cantava 歌った、歌っていた

本書ではこの後、強勢母音はこの規則に従わない場合のみ示します。(語尾を単語に付加する時のラテン語に基づくサブルールにより強勢規則が変更される可能性はありますが、その時でも強勢は極めて自然に感じられます。)

語彙を学んだ後で、Book 1 ("Textos")中のレッスンの本文を数回繰り返し音読して下さい。それが流れるように感じたり、(場合によりそれを日本語に訳して)理解しているように感じたら、その時こそは更に 2,3 回読むと良いでしょう："Repetition es le matre del studios"。

これを最初の 2,3 回読む時には、この第二部の説明を参照すると良いでしょう。読み終わすには単語表に基づいて自分の読解力をテストして見て下さい。インテルリングア語の単語を覆い隠し、一つ一つ知っているか調べて下さい。最後に筆記練習をして下さい。これも第二部にあります。そして本文の末尾にある質問「le questiones」に答えて下さい。)「Textos」の末尾に見られる回答例「本文中の質問の答え」及び「第二部の練習の回答」の所で自分の答えを調べて下さい。

最も一般的インテルリングア語の単語 2,000 語の訳には本書の末尾を見て下さい。

発音/PRONUNCIATION

アルファベット（及び文字の発音の簡単なガイド）:
A［アー］、B［ベー］、C［ツェー］、D［デー］、E［エー］、F［エフ］、G［ゲー］、H［ハー/ハシャー］、I［イー］、J［ジョッター］、K［カー］、L［エル］、M［エム］、N［エヌ］、O［オー］、P［ペー］、Q［コー］、R［エルル］、S［エス］、T［テー］、U［ウー］、V［ヴェー］、W［ヴェー・ドゥプレ］、X［エックス］、Y［エプシロン、イー・グレク］、Z［ゼッター］。

強勢 は強勢のある母音に下線を引くことで示します。例えば：*banana*。インテルリングア語及びラテン語をベースとする諸言語における自然な強勢パターンは私達に下記の二つの規則を示しています：単語を話した時に聞き取れるようにするにはこれらの規則を守る必要があります。

規則 1:
最終子音の直前の母音を強調する。語尾-s、-es、及び-m は この規則に含まれない：例：*bananas, album*。

規則 2:
下記で終わる名詞及び形容詞においては**最後から 2 番目の子音の前の母音を強調する**：

- **-le, -ne, -re**　例：*facile* 簡単な、*nomine* 名前、*tempore* 時間
- **-ic-**　*technic* 技術的な、*technica* 技術
- **-id-**　*timide* 臆病な、*acido* 酸
- **-im-**　*ultime* 最後の、*bellissimo* 極めて綺麗に
- **-ul-**　*regula* ルール、*angulo* コーナー

発音が規則通りの場合、特に発音上の注記はしません。規則に従っても複数の発音が考えられる場合、正しい発音を表示します。例外的な発音も表示します。

下記の物を使用するよう強くお勧め致します：CD "Ingvar Stenström Interlingua – Instrumento moderne de communication international"、「本文」中の全 30 課を含め、本教科書の著者により録音されています。これは www.lulu.com 又は the Book Service of the World Interlingua Union（世界インテルリングア語連合の書籍部）**(www.interlingua.com/libros)**で入手可能です。

母音

理想的なのは日本語又はスペイン語（又はポーランド語やルーマニア語）の 5 つの母音 **a**、**e**、**i**、**o**、及び **u** の発音です。インテルリングア語の録音内容を聞いて、できるだけ正確に真似るよう懸命に努めて下さい！

母音は強勢がある場合、半分長めになり得ます；それ以外の場合、母音は短いですが、どれも発音されます。強勢音節は太字で示します。

a IPA（国際発音記号）[a], 日本語やスペイン語の「ア」と同じ:
　　banana [バナーナ]バナナ
注意：全ての「a」は全ての場所で同じ音でなければならない。中立の「uh」（例えば「China」における「a」の如く）発音するのは避ける。私達は貴方の記憶を助けるために単語の末尾では [-ah] と記載した。

e IPA [e] 日本語やスペイン語の「e」:
　　belle [ベッレ] 美しい
　　defende [デフェンデ] 防衛する

i IPA [i] 日本語の「イ」と同じ。
　　bira [ビーラ] ビール
　　finir [フィニール] 終わす／終わる

o IPA [o] 日本語の「オ」と同じ:
　　pomo [ポーモ] 林檎
二重母音化した「オウ」を避ける。.

u IPA [u] 日本語の「ウ」と同じ:
　　fructo [フルークト]（「-cUto」ではなく「-cto」）

y IPA [i] 日本語の「イ」と同じ:
　　physica [フィーシカ] 物理学
又は、単語の頭では「yes」の「y」と同じ: *yoga* [ヨーガ] ヨガ

子音
大部分の子音は英語と同じく発音されるが、下記に注意する:

c IPA [ts] 軟母音「e」、「i」及び「y」の前で:
cento [ツェーント] 百
cifra [ツィーフラ] 数字
cyclo [ツィークロ] サイクル（周期）／自転車
但し、全ての他の場合には IPA [k]:
canto [カーント] 歌
practic [プラクティック]（「pUrakUtikU」5音節ではなく、「prak-tik」2音節です。実践／実用に便利な「e」、「i」及び「y」の前の二重 c の場合、最初は「c」は硬く[k]、2番目の「c」は柔らかい [ts]。
accento [アクツェーント] 強勢（記号）

ch IPA [k] 大部分の場合:
chimic [キーミック] 化学的な
choro [コーロ] 聖歌隊、コーラス
但し、一般的な国際単語においては IPA [ʃ]:
chef [シェフ] 料理長、主任、リーダー
chocolate [ショコラーテ] チョコレート

g IPA [g] この後に母音 a,i,u,e,o が付くと、日本語のガ、ギ、グ、ゲ、ゴになる。
gambon [ガンボン] ハム
general [ゲネラール] 一般的な
但し、IPA [dʒ] 語尾 **-age** とその派生形 **-agi-** では「ジェ」及び「ジ」:
avantage [アヴァンタージェ] 利点
avantagiose [アヴァンタジョーセ] 有利な
viage [ヴィアージェ] 旅行
viagiar [ヴィアジャール] 行く、旅行する
– ここの多くの人々が「pleasure」における音 IPA [ʒ]を使用しているが、「dʒ」を推薦する充分な理由がある。

j IPA [dʒ] ジョージ、ジョンと同じ。但し、上記で述べたのと同じ選択肢を伴う。

gu は[gw]と発音される:
guarda [グワールダ] ガード

guerra [グ[゙]ウェールラ] 戦争
guida [グ[゙]ウィーダ[゙]] ガイド[゙]

h はインテルリングア語の単語では常に発音されなければならない。
   hora [ホーラ] 時間
但し、「ph」、「rh」及び「th」では発音されない:
   ph = f, *philosophia* [フィロソフィア]
   rh = r, *rhytmo* [テーマ]
   th = t, *thema* [リトゥム]

l IPA [l] 全ての位置において「like」の場合と同様に舌先を上歯茎に付けて発音する。

qu IPA [kw]原則として:
   quando [クワーンド[゙]] いつ
   querco [クウェールコ] 柏
但し、少数の単語では IPA [k]、日本語の[キ]、[ケ]:
   qui [キ] 誰
   que [ケ] 何
   proque [プロケー] なぜ; なぜならば

r IPA [r] イタリア語の場合のように舌先を前歯の裏で強く震わせて発音する。日本人には難しい発音なので、CDの録音をよく聞いて練習していただきたい。
   rar [ラール] 稀な
   ric [リック] 豊かな
   per [ペル] 〜により／〜あたり

s IPA [s] 「hiss」や「stay」の場合のように一般的に発音される:
   sparse [スパ[゙]ールセ] 疎らな
   simple [シーンプ[゙]レ] 単純な
但し、2 個の母音の間では、(英語の場合のように)これは IPA [z]として発音される。例えば「ease」の場合のように:
   rasorio [ラゾリーオ] 剃刀
   accusar [アクザ[゙]ール] 告訴する

t 語尾 **-antia, -entia, -tie, -tion** においては IPA [ts]で発音される（但し、強勢音節で発生する場合、又は例えば *garantia, question* の場合のように-s-に先行されている場合を除く）：

    tolerantia [トレラーンツィア] 寛容
    differentia [ディッフェレーンツィア] 差異
    tertie [テールツィエ] 第三の
    nation [ナツィオーン] 国家

全ての他の場合において IPA [t] となる。

x   IPA [ks]
    taxi [タクシー]

本文/Textos

1 Lection un/Prime lection

Vos vide un[1] libro, un libro nigre[4]. Le[2] libro es nigre. Esque le libro es nigre? Si, illo[6] es nigre. Esque le libro es grande? No, senior, le libro non[11] es grande; illo es micre. – Io prende[8] un libro blanc. Nunc io ha duo libros[3]. Un libro + (plus) un libro = (es) duo libros. Esque io ha duo libros nigre[5]? No, senior, vos ha un libro nigre e un libro blanc.

Ecce un senior! Ille es elegante. Que face[8] ille? Ille sta ante un banco. Esque on vide duo seniores[3]? No, on vide solmente un senior, ma ille non es sol. Un seniora sede sur le banco.

第1課

貴方は一冊 [1] の本、一冊の黒い [4] 本を見ています。その [2] 本は黒いです。その本は黒いですか？はい、それ [6] は黒いです。その本は大きいですか？　いいえ、その本は大きくありません [11]；それは小さいです。– 私は一冊の白い本を手に取ります。今、私は二冊の本を持っています [3]。一冊の本 +（プラス）一冊の本 = 二冊の本（です）。私は二冊の黒い本を持っていますか？　いいえ、貴方は一冊の黒い本と一冊の白い本を持っています。

ほら（ここに／あそこに）一人の紳士がいます！ 彼は上品です。彼は何をして [8] いますか？ 彼はベンチの前に立っています。 二人の紳士 [3] が見えますか？　いいえ、一人の紳士しか見えません。でも、彼は一人ぼっちではありません。一人の夫人がベンチに座っています。

2 Lection duo/Secunde lection

Le juvene senior reguarda le juvene dama. Illa[6] es un senioretta belle, e ille la[7] reguarda con interesse. Nostre amico es un senior elegante, ma illa tamen le[7] reguarda sin interesse. – Nos debe constatar[9] iste facto "tragic" jam nunc. – Ille pensa: "Io es fatigate; io debe seder[9]." Ille dice a illa:[12] "Excusa[10] me, senioretta! Esque vos permitte que io me sede?" Illa non responde per parolas, ma face un signo con le capite.

第2課

その若い紳士はその若い夫人を見つめています。彼女[6]は(一人の)綺麗な(未婚の)女性です。そして彼は彼女を[7]興味深く見つめています。私達の(男性の)友達は(一人の)上品な紳士です。しかし、彼女はそれでも興味なく彼[7]を眺めています。— 私達はこの「悲劇的」事実を既に今確定し[9]なければなりません。— 彼は考えています:「私は疲れている;私は座ら[9]なければならない。」彼は彼女に言います[12]:「済みません[10]!私、座っていいですか?」彼女は言葉では返事しないが、頭でサインを出します。

QUESTIONES
1. Que face le senior? 2. Esque ille la reguarda sin interesse? 3. Qui es elegante? 4. Que pensa le juvene senioretta? 5. Esque le senior es *multo* fatigate?

質問
1. その紳士は何をしていますか？
2. 彼は彼女を興味なく眺めていますか？
3. 誰が上品ですか？
4. 若い未婚の女性は何を考えていますか？
5. その紳士はとても疲れていますか？

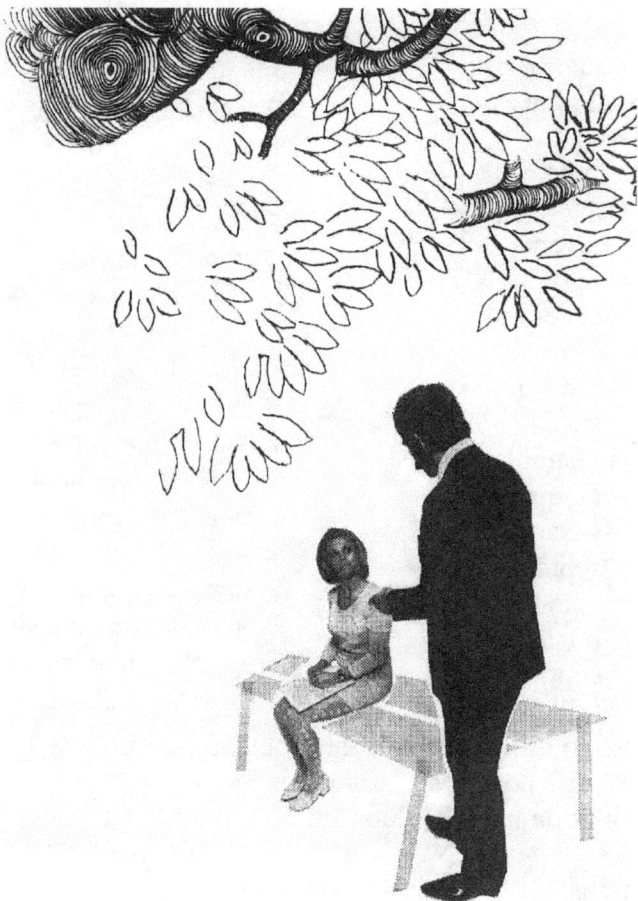

3 Lection tres/Tertie lection 第 3 課

第 4 課では第 2 課の物語の続きを見ます。
今、数字を数えます:

0 = zero	第 1 番目 = prime
1 = un	第 2 番目 = secunde
2 = duo	第 3 番目 = tertie
3 = tres	第 4 番目 = quarte
4 = quatro	第 5 番目 = quinte
5 = cinque	第 6 番目 = sexte
6 = sex	第 7 番目 = septime
7 = septe	第 8 番目 = octave
8 = octo	第 9 番目 = none
9 = novem	第 10 番目= decime
10 = dece	第 11 番目= dece-prime
11 = dece-un	第 20 番目= vintesime
20 = vinti	第 21 番目= vinti-prime
21 = vinti-un	第 30 番目= trentesime
30 = trenta	第 40 番目= quarantesime
40 = quaranta	第 50 番目= cinquantesime
50 = cinquanta	第 60 番目= sexantesime
60 = sexanta	第 70 番目= septantesime
70 = septanta	第 80 番目= octantesime
80 = octanta	第 90 番目= novantesime
90 = novanta	第 100 番目= centesime
100 = cento	第 1000 番目= millesime
1000 = mille	

2487 = duo milles quatro centos octanta-septe
1951 = mille novem centos cinquanta-un
1000000 = un million; duo milliones etc.

+	plus	:	dividite per
–	minus	=	es
×	vices		

16

4   Lection quatro/Quarte lection

Quando illes sedeva[15] ibi, sur le banco, un presso le altere, un de su amicos /de ille/[28] passava. Ille salutava, ma nostre heroe non videva, non audiva. Altere cosas le absorbeva troppo, e ille non le remarcava. Tunc le amico se approchava e critava a voce forte: "Bon die, Hugo! Como sta tu?" – "Eh ... oh, salute! Gratias, ben! E tu?" respondeva Hugo, qui se sentiva embarassate. Illes parlava alcun minutas, ma le conversation non esseva interessante.

第4課

彼等がそこでベンチに互いに近く座った ^{15} 時に、／彼の／ ^{28} 友人の内の一人が通りがかりました。彼は挨拶しましたが、私達の主人公は見えず、聞こえませんでした。他の色々な事が彼（の注意）を奪い過ぎ、主人公は彼に気が付きませんでした。その時、その友達は近づいて来て、大きな声で叫びました：「こんにちは、フーゴ！　ご機嫌いかかですか？」－「エッ、オー、今日は！　ありがとう、元気です！君はどう？　とフーゴは答えました。フーゴは自分が困惑しているのを感じた。彼等は数分間話しましたが、会話は面白くありませんでした。

QUESTIONES

1. Ubi es nunc le juvene senioretta e le juvene senior? 2. Esque illes es sol? 3. Como dicer "parlar a voce forte" per un altere parola? 4. Proque non responde nostre heroe? 5. Que debeva facer le amico de Hugo pro salutar le? 6. A que pensava Hugo? 7. Proque le duo amicos non parlava longe tempore?

質問

1. 若い婦人と若い紳士はどこにいますか？2. 彼らは一人ですか？3. "強い声で話す"とは他の言葉で何と言いますか。4. 私たちの主人公はなぜ答えないのですか。5. フーゴの友達は彼に挨拶するのには何をしなければなりませんか。6. フーゴは何を考えましたか。7. この二人の友達はなぜ長い時間話さなかったのですか。

18

5 Lection cinque/Quintesime lection

Quando le amico le ha abandonate[16], Hugo pote lassar su pensatas retornar a iste juvene femina charmante. Ille ha discoperite[16] un maniera de informar se concernente illa. Illa lege un libro. Ille, qui es in general un homine assatis discrete, es hodie un poco indiscrete[29]. Ille reguarda in su libro de illa[28] e vide que illa lege un libro re le Nationes Unite[16] e altere organisationes international. Illo es scribite[16] in interlingua – le moderne idioma auxiliar que ille ha vidite[16] utilisate in libros e periodicos medical. Hugo es un studente de medicina e vole devenir un medico.

第5課

その友達が彼から去って行った [16] 時、フーゴは自分の考え をこの魅力的な若い女性に戻すことができます。彼は彼女 について情報を得る方法を発見しました。彼女は一冊の 本を読んでいます。普段は充分に分別ある人である彼は 今日は少し無分別[29]です。彼は彼女の[28]本の中を覗き込 み、彼女が国連及びその他の諸国際機関に関する一冊 の本を読んでいることが解ります。それはインテルリングア語で、 つまり彼が医学関係の書籍や定期刊行物の中で使用され ているのを見た近代的な補助言語で、書いてあります [16]。 フーゴは医学生であり、医者になるたがっています。

QUESTIONES
1. Que face le juvene femina? 2. Que face Hugo?
3. Proque ha ille devenite indiscrete? 4. Qual libro lege illa? 5. In que lingua es le libro scribite? 6. Ubi ha Hugo vidite iste lingua? 7. Ha ille legite le libro?

質問

1. 若い女性は何をしていますか？ 2. フーゴは何をしていますか？ 3. なぜ彼は無分別になってしまいましたか？4. 彼女は何の本を読んでいますか？ 5. 何語でその本は書いてありますか？ 6. どこでフーゴはこの言語を見ましたか？ 7. 彼はこの本を読みましたか？

6 Lection 6/ Sexte lection

Ille prende un decision: "Io apprendera[17] iste lingua. Io comenciara immediatemente. Io visitara un bibliotheca pro cercar un manual e un dictionario." – Quando ille habeva retornate a casa, ille attaccava con grande diligentia le programma de studio que ille habeva[18] fixate pro hodie. Ille intendeva apprender multo[19] rapidemente[19] su prime lection de interlingua. Le thema del lection es: "Le division del tempore". Primo[19] ille apprendeva le nomines del dece-duo menses del anno: januario, februario, martio, april, maio, junio, julio, augusto, septembre, octobre, novembre, decembre.

第 6 課

彼は一つの決意をします：「私はこの言語を学ぶ[17]ことにする。私は直ぐに始めることにする。私はある図書館を訪れて一冊の教科書と一冊の辞書を探すことにする。」– 彼は家に戻った時、自分が今日の分として定めておいた[18]学習計画を大いに勤勉に取り組み始めました。彼はインテルリングア語の最初の一課を非常に[19]速く[19]学ぶつもりでした。その課のテーマは「時間区分」です. 最初に[19]彼は一年の12ヶ月の名称を学びました:1月、2月、3月、4月、5月、6月、7月、8月、9月、10月、11月、12月。

QUESTIONES
1. Esque Hugo pote leger interlingua? 2. Proque vole ille apprender iste lingua? 3. Que intendeva ille facer in le bibliotheca? 4. Esque ille es diligente? 5. Explica (= Dice) in interlingua lo que un "dictionario" es! 6. A que utilisa vos un "manual"?

質問
1. フーゴはインテルリングア語を読めますか？ 2. なぜ彼はこの言語を学びたいですか？ 3. 彼は図書館で何をするつもりでしたか？ 4. 彼は勤勉ですか？ 5.「dictionario」とは何かインテルリングア語で説明して下さい（言って下さい）！ 6. 何のために貴方は「教科書」を用いますか？

7 Lection septe/Septime lection

Tosto ille habeva apprendite le nomines del menses. Isto le semblava multo facile[20], e postea (= post isto) ille legeva a voce alte le septe dies del septimana: dominica[20], lunedi, martedi, mercuridi, jovedi, venerdi, sabbato. Dominica significa "le die del Domino Deo", lunedi es in latino "lunae dies", i. e. "le die del luna", martedi es "le die del deo del

21

guerra, Mars (Marte)" ("Martis dies"), mercuridi "le die de Mercurius (Mercurio)" ("Mercurii dies"), jovedi "le die de Jupiter (Jove)" ("Jovis dies"), venerdi "le die del dea del amor, Venus (Venere)" ("Veneris dies"). Sabbato es de origine[20] hebree.

"Il es importante que io los sape ben pro poter fixar le datas e dies de mi[28] incontros futur con ILLA", ille murmurava.

Jam Hugo soniava de novo supra su manual de interlingua!

第7課

直ぐに彼は各月の名称を習得しました。これは彼にはとても簡単に [20] 思え、そしてその後、彼は一週間の 7 日を声を出して読みました：日曜日 [20]、月曜日、火曜日、水曜日、木曜日、金曜日、土曜日。Dominica は「le die del Domino Deo」「主、（即ち）神、の日）を意味するほか、lunedi はラテン語で「lunae dies」、つまり「月の日」、martedi は「le die del deo del guerra, Mars (Marte)」（戦争の神、マルス（マルテ）の日）、("Martis dies")、mercuridi は「le die de Mercurius (Mercurio)」（商業神メルクリウスの日）("Mercurii dies")、jovedi は「le die de Jupiter (Jove)」（気象現象を司る神ジュピター（ジョヴェ）の日）("Jovis dies")、venerdi は「le die del dea del amor, Venus (Venere)」（愛の女神、ヴィーナス（ヴェネレ）の日）("Veneris dies")を意味します。Sabbato はヘブライ語に由来 [20]します。

「私がこれらを良く知り、彼女との私の将来の出会いの日取り（何月何日及び何曜日）を決められるようにすることは重要だ」と彼はつぶやきました。

既にフーゴは新たに自分のインテルリグア語の教科書について夢を見ました！

QUESTIONES

1. Esque le nomines del menses es difficile in inter-lingua? 2. Quando pote on vider le luna, in le die o in le nocte? 3. Que es le adjectivo correspondente al substantivo "origine"? 4. Hugo "murmura". Esque ille parla a voce alte o basse? 5. Proque vole ille ap-prender si ben le nomines del dies? 6. Ha Hugo ben apprendite le dies? (Vide le illustration!)

質問
1. 各月の名称はインテリグア語では難しいですか？ 2. 月はいつ見ることができますか、日中ですかそれとも夜間ですか？ 3. 名詞「origine」に呼応する形容詞は何ですか？ 4. フーゴは「つぶやきます」。彼は大きな声で話しますか、それとも小さな声で？ 5. なぜ彼は曜日の名称をこれほど良く習いたがっているのですか？ 6. フーゴは曜日を良く覚えましたか？（イラスト参照）

8 Lection octo/Octave lection

Hugo faceva un effortio pro concentrar su pensatas e continuar su studio:

"Trenta dies in novembre,
in april, in junio e septembre,
vinti-octo in solo un,
in omne alteres trenta-un."

Le anno es dividite[21] in 365 (tres centos sexanta-cinque) dies. Un die consiste de vinti-quatro horas, un hora ha sexanta minutas e in cata minuta il ha sexanta secundas.

Tamben un secunda pote esser longe, benque illo es le periodo le plus curte[22] in le mesura practic del tempore. Quando on attende alcuna o alcuno, illo es longissime[23]. "Curte" (o "breve") es le opposito de "longe".

23

第 8 課

フーゴは自分の考えを集中し、学習を続ける努力をしました:

「11 月、4 月、6 月及び 9 月は 30 日、一つの月だけ 28 日、その他全ての月に 31 日あります。」

一年は 365 日に分けられて [21] います。一日は 24 時間から成り、一時間は 60 分あり、各分は 60 秒あります。

　一秒が長いとも言えます。但し、それは実用的な時間測定における最も短い [22] 時間の区切りです。人が女性又は男性の誰かを待つ時はそれは最も長いです [23]。「Curte（又は breve）は「longe」の反意語です。

QUESTIONES

1. Que die es hodie? (Dominica etc.) 2. Que data es /il/ hodie? (Il es le prime /die/ de julio. Il es le /die numero/ octo de novembre, etc.) 3. Que hora es il? (Il es tres /horas/ e dece-novem /minutas/ = 3^h19. Il es quatro /horas/ e cinquanta /minutas/ = 4^h50 = dece minutas ante cinque = cinque horas minus dece /minutas/. 10^h15 = dece horas e dece-cinque o: dece horas e un quarto. 18^h30 = dece-octo horas e trenta o: dece-octo horas e un medie.) 4. Quando arriva le traino? (Le traino arriva a 20^h27 = a vinti /horas/ e vinti-septe o: a octo e vinti-septe del vespere o: del postmeridie.) 5. Que die esseva heri? 6. Que die essera deman? 7. A que hora arriva illes?

質問

1. 今日は何曜日ですか？（日曜日及びその他）2. 今日は何日ですか？（7 月 1 日です。11 月 8 日です。及びその他）3. 何時ですか？（3 時 19 分です。4 時 50 分です。5 時 10 分前です。10 時 15 分です。18 時 30 分です。）4. 列車はいつ到着しますか？（列車は 20 時 27 分：夕方／午後の 8 時 27 分に到着します。）5. 昨日は何曜日でしたか？ 6. 明日は何曜日になりますか？ 7. 彼等は何時に着きますか？

24

9 Lection novem/None lection

LE DIE DE HUGO. 1: LE MATINO

Nunc nos vole accompaniar Hugo durante un die ordinari de su vita.

A septe horas del matino un horologio eveliator face su ruito terribile su/pe/r le tabula presso le lecto de Hugo. Ille se[24] leva – sin grande enthusiasmo, io suppone – se rasa per un rasorio electric, brossa le dentes e se lava in le camera de banio e postea ille se vesti rapidemente.

Post haber preparate un jentaculo modeste ille mangia e lege le novas le plus importante in su jornal quotidian, que le postero le ha apportate de bon hora.

第 9 課

フーゴの一日 1：朝

今、私達はフーゴが通常の生活を過ごす中でお伴したいと思います。

朝 7 時には一個の目覚まし時計がフーゴのベッドの脇にあるテーブルの上で凄まじい騒音を出します。彼は、私が想定するには大いなる意欲もなしに、自らの身 [24] を起こし、電気かみそりで自ら（の髭）を剃り、歯を磨き、そして浴室で自ら（の顔）を洗い、その後で素早く自らに（着物を）まとわせます。

　質素な朝食を準備した後で彼は食べて、自分の日刊紙の中の最も重要なニュースを読みます。この新聞は配達員が彼に朝早く配達しておいた物です。

Phrases structural

io me rasa	nos nos rasa
tu te rasa	vos vos rasa
ille se rasa	illes se rasa
illa non se rasa	illas non se rasa
illo non se rasa	illos non se rasa
on se rasa	

Attention al position del pronomines personal: io me rasa, me rasava, me ha rasate, me rasara, me rasarea[27], ma: io debe rasar me. Rasa me! Vide § 25!

構文

	彼は自分／の髭を剃る
私は自分／の髭を剃る	彼女は自分／の髭を剃る
君は自分／の髭を剃る	それは自分／の髭を剃る
彼は自分／の髭を剃る	彼等は自分／の髭を剃る
私達は自分／の髭を剃る	彼女達は自分／の髭を剃る
貴方（達）は自分／の髭をる	彼等は自分／の髭を剃らい

人称代名詞の位置に注意して下さい：io me rasa, me rasava, me ha rasate, me rasara, me rasarea[27], ma: io debe rasar me. Rasa me! § 25 参照 ！

QUESTIONES
1. Como dicer "accompaniar" in altere parolas?
2. Esque vos ama dormir in le matino o levar vos de bon hora? 3. "Ha tu brossate tu dentes?" demanda le matre a su infante in le matino.

Scribe altere questiones que illa pote demandar in le matino!

質問
1.「accompaniar」は言い換えるとどのように言いますか？
2. 貴方は朝寝るのが好きですか、それとも朝早く起きるのが好きですか？ 3.「君は歯を磨きましたか？」とお母さんが自分の子供に朝尋ねます。彼女が朝尋ねる可能性がある他の幾つかの質問を書いて下さい！

10 Lection dece/Decime lection

LE DIE DE HUGO. 2: TRAVALIO

Ante le comenciamento del lectiones al universitate resta un hora, durante le qual[26] ille studia un libro de medicina. Ille lo lege con interesse, benque illo es multo difficile como omne libros medical. Illos sempre es difficile, nunquam simple o amusante. Un professor qui[26] veni ab un altere urbe va visitar les iste die e va pronunciar un discurso que[26] es multo importante. Le discurso del professor es importante, si, si, ma le pensatas del studente vola sovente a cosas que[26] non appertine al thema, a un certe parco, a un certe banco, a un certe puera, "de qui[26] io non mesmo cognosce le nomine, io idiota", ille pensa.

Post haber ascoltate duo discursos ille va a un bibliotheca pro continuar su studio usque al lunch (o: prandio) que[26] ille prende a mediedie in un restaurante modic ubi le studentes sole mangiar.

In le postmeridie le attende tres horas de studio e un demonstration in le clinica del hospital.

Post un altere repasto il es alora jam vespere e tempore pro retornar a casa.

第 10 課

フーゴの一日　2:仕事

大学でのレッスン開始前にまだ 1 時間あり、この間 [26]、彼は一冊の医学書を勉強します。それは全ての医学書と同様にとても難しいのにも拘わらず、彼はそれを興味深く読み

ます。これらの書物はいつも難しくて、決して簡単で面白いことがありません。別のある町から遣って来る [26] 一人の教授がこの日に彼等を訪れて、ある非常に重要な講義をする予定です。この教授の講義は重要です、そう、その通りですが、その学生の思考はしばしばテーマに属さない [26] 色々な事柄に、ある一つの公園、ある一つのベンチ、ある一人の少女に、飛んで行きます。「この少女の名前さえ [26] 私は知らない。私は馬鹿だなあ」、と彼は考えています。

　二つの講義を聴いた後で彼は図書館に行き、自分の勉強を続けます。ランチ（又はプランディオ）の時間になるまでです。彼はこのランチ [26] を学生が食べることができる唯一の手頃なレストランで正午に取ります。

　午後には3時間の勉強と病院の病棟での実習が彼を待ち受けています。

　もう一つの食事の後では既に夕方に、しかも家に帰る時間になっています。

Phrases structural (Pronomines relative)

Le pronomines es in:

NOMINATIVO	Le **persona/s/ qui** canta.
GENITIVO	Le **persona/s/ de qui** io cognosce le nomine/s/.
	Le **persona/s/ cuje** nomine/s/ io cognosce.
DATIVO	Le **persona/s/ a qui** io da le libro.
ACCUSATIVO	Le **persona/s/ que** io vide.
NOM.	Le **cosa/s/ que** es sur le tabula.
GEN.	Le **cosa/s/ de que** io cognosce le nomine/s/.
	Le **cosa/s/ cuje** nomine/s/ io cognosce.
DAT.	Le **cosa/s/ a que** on non pote parlar
ACC.	Le **cosa/s/ que** io vide.

29

Le persona qui = le persona le qual etc.
Le personas qui = le personas le quales etc.
Le cosa que = le cosa le qual etc.
Vide § 26 参照！

構文（関係代名詞）

代名詞は下記の格にある：

主格	**歌う(所の)人**
属格	私が名前を知っている(所の)人
与格	私がその本をあげる(所の)人
対格	私が見ている(所の)人
主格	テーブルの上にある(所の)それらの物
属格	私が名前を知っている(所の)それらの物
与格	人が話しかけられない(所の)それらの**物**
対格	私が見ている(所の)それらの**物**

Le persona qui = le persona le qual etc.
Le personas qui = le personas le quales etc.
Le cosa que = le cosa le qual etc.
Vide § 26!

11 Lection dece-un/Dece-prime lection

"SI IO HABEVA PECUNIA, IO COMPRAREA UN AUTO ..."

Post un die inusualmente[29] dur nostre Hugo bicycla a casa. Le via es longe, e il es pesante bicyclar. "Si io habeva pecunia, io comprarea[27] un vetere auto", ille pensa. "In tal caso io donarea mi bicyclo a mi fratre qui sempre se lamenta que le sue[28] es si mal que illo es quasi inusabile[30]. Io non plus besoniarea viagiar per autobus quando il face mal tempore – e non me sentirea fatigate justo nunc! Un auto usate non costarea multo, ma probabilemente mi moneta non sufficerea. Il es inevitabile que un vetere auto exige reparationes. Un camerada qui possede un tal auto dice que illo costa summas incredibile.

第 11 課

「もし私にお金があるなら、車を一台買うのだが ...」

いつになく ²⁹ 辛い一日の後で私達の主人公のフーゴは家まで自転車で行きます。その道は長く、自転車で行くのは苦しいです。「もし私にお金があるなら、私は中古の車を一台買うのだが ²⁷」、と彼は考えます。「その場合、私は自分の自転車を私の一人の兄/弟にあげるでしょう。彼は自分の ²⁸ はとても悪くて殆ど使用不可能だ ³⁰ と常に嘆いています。私は天気が悪い時にはもはやバスで移動する必要がなくなるでしょう – 又、今こそは自分が疲れているのを感じることもなくなろでしょう！一台の中古車がとても費用がかかることはないでしょうが、恐らく私のお金は充分ではないかも知れません。古い車が修理を要するのは避けられません。そのような自動車を保有している一人の仲間はそれが信じられない金額がかかると言っています。

QUESTIONES
1. Como veni Hugo a casa? 2. Proque pensa ille a un auto? 3. Proque non pensa ille a un nove auto? 4. Que facerea Hugo si ille habeva pecunia? 5. Que facerea vos?

質問
1. フーゴは家にどのように来ますか？2.彼はなぜ車のことを考えているのですか？彼はなぜ
車について考えているのですか？3. 彼はなぜ新車については考えないのですか？4.フーゴはお金があれば何をするでしょうか？5. 貴方は何をするでしょうか？

12 Lection dece-duo/Dece-secunde lection

SYNOPSE DEL FORMAS VERBAL
A cinque horas:
Iste seniora es un cantatrice. Illa ama **cantar**. Illa **cantara** a sex horas.

Iste senior, in le confortabile, non ama le musica. A sex horas ille **suffrera** quando ille **audira** le cantatrice.

A duo minutas ante sex:
Illa **va cantar**.

A sex horas:
Le seniora **canta**, e nostre amico in le confortabile, ille **suffre** quando ille **audi** le cantar[31] del seniora.

A septe horas:
Le seniora **ha cantate**. Le senior **ha suffrite**.

Ille **ha audite** le musica infernal. Ille dice a un altere senior: "Inter sex horas e septe iste terribile femina **cantava**. Oh, como io **suffreva**! Io **audiva** sonos infernal, benque io probava **coperir** mi aures per le manos pro non **audir**." Le altere senior respondeva: "Iste femina es mi marita. Vos ha suffrite un hora, io – un vita ..."

Iste cantatrice *non* es Birgit Nilsson. Illa non face le homines **suffrer**.

第 12 課

動詞の形の概要
5 時に:
この貴婦人は女性歌手です。彼女は**歌う**ことが好きです。彼女は 6 時に**歌う**ことになっています。

安楽椅子に座っているこの紳士は音楽が好きではありません。彼は 6 時にこの女性歌手を**聞く**時に**苦しむ**ことになります。

6 時 2 分前には:
彼女は**歌おう**としています。

6 時には:
その貴婦人は**歌い**、そして安楽椅子に座っている私達の友人、彼はその貴婦人の歌うのを [31] 聴く時に**苦しみます**。

7 時には:
その貴婦人は**歌い終えて**います。その紳士は**苦しみ終えて**います。

彼は地獄のような音楽を**聴き終えて**います。彼はもう一人の紳士に言います:「6 時と 7 時の間にこの恐ろしい女は**歌い**ました。オー、私はなんと**苦しんだ**ことか！**聴か**ないように私は両手で耳を**覆う**と試みましたが、私は地獄のような音を**聴いて**しまいました。」そのもう一人の紳士は答えました:「この女性は私の妻です。貴方は 1 時間**苦しみ**ましたが、私は一生涯です。」

この女性歌手は Birgit Nilsson ではありません。彼女は男達を**苦しませ**はしません。

Imperativos
Canta plus forte! Non **suffre**, amico! **Audi** le tonos bellissime!

命令法
もっと大きな声で**歌って**下さい！ 友よ、**苦しむ**なかれ！そのとても綺麗な声を聴いて下さい！

Conditional

Si on lo permitteva, illa **cantarea** sempre, io **suf-frerea** constantemente, e io **audirea** sin interruption su terribile voce.

条件法

人がそれを許すならば、彼女は常に**歌うであろう**し、私は常に苦しむでしょうし、又、彼女の恐ろしい声を中断されることなしに**聴くことになるでしょう**。

13 Lection dece-tres/Dece-tertie lection

"LE PROFESSOR DEL ROSAS BRUN"

Un die Hugo debeva visitar un professor de medicina pro dar le un essayo – un parte de su examination.

De facto Hugo habeva visitate iste professor un vice antea – o plus tosto su jardin – in le nocte e sin esser invitate. A ille[32] visita ille pensava nunc, passante[34] le multe e belle rosieros[33] in le jardin. Le professor esseva cognoscite como cultivator-amator de rosas e un die le jornales habeva communicate que un congresso de jardineros[37] in le urbe irea vider, le die sequente, le rosas del professor. Il occurreva in le vespere ante iste die, que Hugo

36

e alcun altere studentes, post un celebration allegrissime, se sentiva inspirate pro facer ancora plus rar, rarissime, le rosas de lor car e estimate professor. In le silentio del clar nocte estive le gruppo de studentes marchava secretemente al jardin e pingeva in colores le plus diverse, brun, verde, jalne, omne rosas del duo grande rosieros a ambe lateres del entrata del casa ...

Un poco disagradabile revenir nunc ... Hugo face sonar le campana electric. On aperi. In le porta sta illa – "su" senioretta del parco!

第 13 課

「茶色の薔薇の教授」

ある日、フーゴは一つの随筆を － つまり彼の試験の一部を、提出するためにある医学教授を訪問しなければなりませんでした。
実際にはフーゴは一度前に「この教授を」というよりは寧ろ「彼の庭園を」招待されないまま夜間に訪問したことがありました。あの [32] 訪問について彼は今庭園内の沢山の綺麗な薔薇の茂み [33] を通りながら考えていました。その教授は薔薇のアマチュア栽培者として知られていて、ある日、幾つかの新聞が報道していました：「市内のある園芸家 [37] の会合（の参加者）が翌日その薔薇の教授に会いに行く」と。この日の前日の夕方に偶然フーゴと幾人かの別の学生達はとても楽しいお祝い事の後で彼等の親愛なる尊敬すべき教授の薔薇を更に珍しい、極めて珍しい物にしようという考えが脳裏に浮かびました。澄み切った夏の夜の静けさの中でその学生のグループは秘密裏にその庭園に歩いて行き、あらん限りの種類の色、茶色、緑色、黄色でこの家の入口の両側にある二つの薔薇の茂みの全ての薔薇を塗りました。少し不愉快ながら今帰っ

37

て行きます。フーゴは電動ベルを鳴らします。誰かがドア
を開けます。ドア口には彼女が立っています。「彼の」
公園であった少女です!

QUESTIONES
1. Explica nos lo que es un "essayo"! 2. Que
pote on vider in un jardin? 3. Como exprimer le
idea "rar" in altere parolas? 4. Es il un oc-
currentia rar que studentes ha "celebrationes"?
5. Que diceva, crede vos, le professor vidente
le rosas brun?

質問
1.「essayo」とは何か説明して下さい! 2. ある庭園内
で何が見えますか? 3.「rar」という概念は別の言葉
でどのように説明すべきですか? 4. 学生達が「お祝
い事」をするのは珍しいことですか?5. 教授は薔薇
を見ながら何を言ったと貴方は信じますか?

14 Lection dece quatro/Dece-quarte lection

Sin dubita vos comprende, car lector, le
surprisa de Hugo. Su facie es rubie e tamben
le[35] del juvena[36] (o: illo del juvena). Ille nota
isto con satisfaction subite. Tamben illa le ha
recognoscite, le sympathic juvene qui sedeva
presso illa in le parco un belle die – "mute
como un pisce". Certo ille habeva comprendite
que illa es un estraniera[37] e ille non osava
parlar con illa in un lingua estranier. Ma nunc il
es Hugo qui surprende illa: ille parla
fluentemente interlingua, lo que surprende
tamben ille ipse un poco. "Io es contente
revider vos! Io volerea parlar con professor A.

Es ille in casa?" – "Si, entra in le bibliotheca e attende un momento, per favor. Io va cercar le", illa dice e dispare.

Attendente[34] ille admira le plancas plenate ab solo a tecto per milles de libros cuje dorsos in omne colores le impressiona como un ver obra de arte – e in su mente ille forma le phrases per le quales ille la proponera un nove incontro.

第 14 課

親愛なる読者の貴方は疑う余地もなくフーゴの驚きを理解することでしょう。彼の顔は赤く、少女のそれ[35]も同様です。彼は直ぐに満足しながらこのことに注目しています。彼女も彼が誰であるか解っています。ある晴れた日に例の公園で彼女の脇に「魚のように黙って」座っていた感じの良い若者です。間違いなく彼は彼女が外国人女性[37]であることを理解していて、彼は彼女と外国語で話すことを敢えてしませんでした。しかし、今はフーゴの方が彼女を驚かせています：彼はインテルリングア語を流暢に話しています。このことは彼自身をも若干驚かせています。「私は貴方に会えて嬉しいです！ 私は A 教授とお話したいのですが、彼は家にいらっしゃいますか？」－「 はい、図書室に入り、少々お待ち下さい。彼を探しに行きます」と彼女は言ってから姿を消します。

待ちながら[34] 彼は何千冊もの本で床から天井まで埋め尽くされた本棚に驚嘆します。これらの本の背はあらゆる色で本当の芸術作品であるかのような印象を彼に与えます。そして彼は心の中で彼女に新たな出会いを提案する言葉を組み立てようとしています。

Phrases structural con -/e/nte. Vide § 34!
1. Un persona qui canta es un persona **cantante**.

2. Un persona qui suffre es un persona **suffrente**.

3. Un persona qui audi es un persona **audiente**.

4. **Cantante** on produce tonos.

5. **Legente** iste libro vos apprende interlingua.

6. **Audiente** le cantar ille coperiva su aures.

7. Il es facile rider con le **ridentes** e difficile plorar con le **plorantes**. (IG)

-/e/nte を含む構文。§34 参照！

1. 歌う(所の)人は**歌う**人です。.

2. 苦しむ(所の)人は**苦しむ**人です。

3. 聞く(所の)人は**聞く**人です。.

4. **歌いながら**人は音を出します。

5. この本を**読むことで**貴方はインテルリングア語を習得します。

6. 彼女が歌うのを**聞きながら**彼は自分の両耳を塞ぎます。

7. **笑っている**人達と一緒に笑うのは簡単だが、**泣いている**　人達と一緒に泣くのは難しいです。(IG)

QUESTIONES

1. Esque iste nove incontro es un surprisa pro vos? 2. Proque nota ille con satisfaction que le facie de illa es rubie? 3. Crede vos que ille ama "facies rubie in general"? 4. Ha Hugo studiate ben su lectiones de interlingua? 5. Explica que es un bibliotheca!

質問

1. この新しい出会いは貴方にとって驚きですか？
2. なぜ彼は彼女の顔が赤いことを満足しながら注目しているのですか？　3. 貴方は彼が一般的に「赤い顔」が好きであると信じますか？4. フーゴはインテルリグア語のレッスンを良く勉強しましたか？　5. Bibliothecaとは何か説明して下さい！

15 Lection dece-cinque/Dece-quinte lection

Illa reveni dicente[34] que le professor es

occupate ancora alcun minutas, ma ille le preca attender. "Con *grande* placer", ille responde sin un momentetto[39] de hesitation, accentuante[34] le parola "grande" forsan un poco troppo forte. E nunc ille comencia demandar la un multitude de questiones: De ubi illa veni? Que face illa in iste pais? E ille non mesmo oblida le question importante: "Que es vostre nomine?" Certo ille non proba celar su interesse in illa! Illa voluntarie le narra, que illa es studente de scientias social, que illa ha un camera presso le professor, qui es multo amabile. Illa assecura que illa trova toto si agradabile. Le professor e su marita ha un jardin si belle con rosas e altere flores meraviliose ... Audiente[34] la mentionar le parola "rosas" Hugo hasta cambiar del thema de lor conversation, inquiete que le escappara le occasion de proponer le nove incontro. Illes parla de toto, e certo illes es de accordo del avantages de un idioma commun como interlingua ... On audi le passos del professor approchar se in le camera vicin. Ma cinque secundas suffice pro finir lor conversation e dicer lo essential[40]: "Pote nos revider nos le sabbato proxime?" – "Oh, si! A que hora?" – "A septe horas, si isto es bon pro vos. Io venira cercar vos hic?" – "Si, si, de accordo! A revider!" – "A revider!"

第 15 課

彼女は戻り、「教授はまだ数分間忙しいですが、貴方にお待ち下さるようにお願いしています」と伝えます[34]。「大いに喜んでそうさせて頂きます」と彼は一瞬[39]の躊躇なく答えますが、多分「大いに」の言葉を少し

強調し[34]過ぎかも知れません。

そして今彼は彼女に無数の質問をし始めます：彼女はどこの出身なのか？　彼女はこの国で何をしているのか？そして彼は重要な質問を忘れません：「貴方の名前は何ですか？」間違いなく彼は彼女に対する興味を隠そうとしていません。彼女は快く彼に語ります。彼女が社会学の学生であること、彼女が教授の下で一室持っていること、教授がとても親切であること。彼女は全てを快適に感じていることを確信させてくれます。教授とその夫人は薔薇やその他の素晴らしい花が咲いている美しい庭園を持っています。彼女が「薔薇」という言葉を口にするのを聞いて[34]、フーゴは急いで自分達の会話の話題を変えます。彼は新たな出会いを提案するチャンスが彼の手から逃れるのではないかと心配したからです。彼等は全てについて語ります。そして確実に彼等はインテルリングア語のような一つの共通言語の利点について同意見です。教授の足音が隣の部屋の中まで近づくのが聞こえます。でも自分達の会話を終え、重要なこと[40]を言うのに5秒で充分です：「私達、次の土曜日にまた会うことできますか？」－「エェ、いいですよ！何時にですか！－「もし貴方に都合が良ければ 7 時に。私が貴方を訪ねてこちらに来ましょうか？－「エェ、エェ、良いですよ！さようなら！－「さようなら！」。

16 Lection dece-sex/Dece-sexte lection

LE FAMILIA DE HUGO

Le familia de Hugo habita in un urbe non lontan del urbe universitari e ille sovente visita su parentes le dominicas e altere dies libere. Su familia consiste de su patre, qui es un ferroviero – non multo ric, ma con su proprie casa – su matre, "le melior matre del mundo!" – duo fratres e duo sorores, omnes plus juvene que Hugo, excepte un soror. Lor parentes ha, alora, cinque infantes, tres filios e duo filias – un familia bastante grande! Un soror es maritate – su marito es le fratre affin de Hugo.

Quando Hugo iste vice pare inexpectate al focar familial, su matre le reprocha: "Proque non ha tu annunciate in avantia que tu veni a casa! Io haberea potite cocer te un de tu plattos favorite." – "Toto que tu coce, oh Matre e Regina del domo, es mi platto favorite", ille dice, e adde pro jocar, in un sufflo theatral, "si on lo compara con le mangiar del restaurante del studentes!"

第16課

フーゴの家族

フーゴの家族は大学都市から遠くない町に住んでいて、
彼は頻繁に日曜日や他の休日に両親を訪れます。
彼の家族は次のように構成されています。彼の父（鉄
道員であり、余り裕福ではないが、自分の家を持って
いる）、彼の母、「世界で最も良い母」、二人の弟と二
人の姉妹（姉を除き皆フーゴより若い）。従って彼等の

45

両親は 5 人の子供達、即ち 3 人の息子と 2 人の娘を持っています。かなり大きな家族です！一人の姉が結婚しています！ 彼女の夫はフーゴの義理の兄弟です。.

　フーゴが今回突然家庭に現れた時に彼の母は彼を叱ります：「どうしてお前は家に来ることを前以て知らせないの？ （そうすれば）私はお前の好きな料理の内の一つを作ることができたでしょうに」「アア、この家の母にして女王よ、母さんが作る全ての料理は私の好みの料理です」と彼は言い、そして冗談を言うべく劇中の囁き声のように「母さんの料理と学内レストランの食事と比べて見ればね！」と付け加えます。

QUESTIONES
1. Es le distantia longe inter le urbe ubi Hugo studia e su urbe natal? 2. Quante personas ha il in le familia de Hugo? 3. Que es "un platto favorite"? Explica per parolas simple in interlingua! 4. Que es le opposito de "lontan!"?

質問
1. フーゴが学んでいる町と彼が生まれた町の間の距離は長いですか？ 2. フーゴの家庭には何人いますか？ 3.「platto favorite」とは何ですか？ インテルリングア語で簡単な言葉で説明して下さい！ 4.「lontan」の反意語は何ですか？

17 Lection dece-septe/Dece-septime lection

LE VETERE GRANPATRE

Un belle dominica Hugo veni al casa de Anna pro prender la pro un visita al campania. Le granpatre de Hugo possede un ferma. Ille es san e forte malgrado su etate – un ver viro qui ama su ferma, su village e su pais. "Le plus belle pais del terra", ille sole dicer a Hugo. Sovente ille lo dice pro provocar su car nepote e inducer le in un discussion[42]. A vices ille non comprende le punctos de vista del generation de Hugo qui mantene le opinion que "le mundo es plen de belle paises e de humanos tanto sympathic como nostre proprie compatriotas" ... Tamen illes se ama ben, le granpatre e Hugo. Le granpatre dice cordialmente "Benvenite" a Anna. Ille la reguarda con oculos seriose, pare contente e murmura: "Hm, naturalmente un estraniera ... ma illa non es fede ..."

Ridente Hugo explica a Anna que le granpatre la ha date le plus alte nota de approbation[42] que on pote expectar ab ille. Probabilemente ille dicerea lo mesme a "Miss Universo".

第17課

高齢の父祖

ある晴れた日曜日フーゴは田舎を訪れるのにアンナを連れて行こうと彼女の家にやって来ます。フーゴの祖父

は一つの農場を持っています。祖父は年の割には健康で、且つ強壮です。自分の村と自分の国を愛する本当の男です。「地球で最も綺麗な国」と祖父はフーゴによく言います。しばしば祖父は自分のいとしい孫を挑発し、一つの議論 [42] に導くためにそれを言います。時々祖父はフーゴの世代の観点を理解しません。フーゴは「世界は綺麗な国と我国自身の同胞と同様に感じの良い人々で溢れている」という意見を主張します。しかしながら、祖父とフーゴはお互いに愛しています。祖父はアンナに心から「歓迎」を言います。祖父は彼女を真剣な眼差しで見つめ、満足しているかのようであり、つぶやきます：「フーン、当然ながら外人女性 … しかし彼女は醜くないし…」

　笑いながらフーゴはアンナに祖父が彼女に父祖から期待できる最高の承認 [42] の得点を与えてくれていると説明します。彼は同じことを「ミス・ユニバース」にもいうことでしょう。

QUESTIONES
1. Ab certe verbos in iste texto on pote formar substantivos, finiente in -ion. Le quales es illos? (Exemplo: **approbation** ab **approbar**).
2. Le quales es le parolas geographic que vos ha apprendite usque nunc? 3. Que dicerea vos (si vos es un viro) a Miss Universo? Si vos es un femina: Que vole vos que le homines vos dicerea quando vos essera Miss Universo?

質問
1. 本文中の特定の動詞から-ion に終わる名詞を形成することができます。それらはどれらですか？（例えば: **approbar** から **approbation**). 2. 貴方が今まで学んだ地名は何ですか？ 3. 貴方は（貴方が男性の場合）ミス・ユニバースに何を言いますか？貴方が女性の場合：貴方は貴方がミス・ユニバースになったら男性達が貴方に何を言うことを望みますか？

18 Lection dece-octo/Dece-octave lection

IN LE GRANDE MAGAZIN

Un voce in le telephono voca Hugo: "Ecce Anna qui parla. Esque tu volerea ir con me al Grande Magazin pro comprar alcun cosas? Esserea bon haber tu compania." – "Aha!" responde Hugo, "tu vole dicer que tu me besonia como portator?" – "No, io non voleva dicer lo; tu ipse lo ha dicite ..." illa ride. – "Benissimo, 'sempre preparate', io venira."

Illes se revide al entrata de un grande magazin que forni cata die milles de personas con milles de merces a precios alte e basse. In un departimento on vende vestimentos, cappellos, scarpas, calceas pro senioras e calcettas pro seniores, camisas, robas etc. Jam al prime tabula a vender un venditrice les saluta con un surriso affabile: "Vos desira?" – Anna: "Io volerea un par de guantos." – Venditrice: "Ecce alcunes in colores diverse!" – Anna: "Io prefere le guantos nigre. Quanto costa istos?" Anna proba un par, duo pares, multes. Hugo non

monstra ulle signo de impatientia. Hugo es un
homine extraordinari[43]. Finalmente Anna con-
stata que illa non trova un par conveniente:
"Debe ir a un boteca specialisate", illa con-
clude.

Nunc illes va comprar alimentos. Rapide-
mente illes plena un corbe con pan, butyro,
caseo, salsicias etc. A un cassa al exito sede un
cassera qui face le conto que Anna paga per un
grande nota de banca de cento coronas. Le
cassera debe cambiar lo e retorna le resto a
Anna in alcun notas de banca minor e in
monetas de argento e de cupro.

第 18 課

デパートにて

電話のある声がフーゴを呼びます：「アンナです。貴方は
私と一緒にデパートに行き、何か幾つか買いのを付き
合いたいですか？貴方について来てもらえると良い
のですが」「アハー！」とフーゴは答える。貴方は貴方が
私を荷物運び人として必要としているということを言
いたいのですね？」「いいえ、私はそれが言いたかっ
たのではありません；貴方自身がそれを言っただけで
す」と彼女は笑います。「最高に良いですね。いつで
も用意があります。私は参りますよ。」

　彼等はあるデパートの入口で再び会います。このデ
パートは毎日何千人もの人達に何千個の商品を定額
及び高額で供給しています。デパートでは婦人用の衣
類、帽子、靴、ストッキングや紳士用靴下、シャツ、服及び
その他を売っています。既に最初の販売台では一人
の女性販売員が愛想の良い微笑を浮かべながら彼
等に挨拶します。「何をお求めですか？」。アンナ：「私
は手袋一組欲しいのですが」。女性販売員：「こちら
に色々な色の物が何組かございます」。アンナ：「私は

50

どちらかというと黒色の手袋が好きです。これはいくらですか？」アンナは一組、二組、多数の組を試します。フーゴは如何なる苛立ちの兆候も見せません。フーゴは並外れた [43] 男です。最後にアンナは都合の良い組が見つからないことを確定します。「専門店に行かねばならない」と彼女は結論を出します。

　今、彼等は食料品を買おうとしています。素早く彼等は一つの籠をパン、バター、チーズ、ソーセージ及びその他でいっぱいにします。出口のレジには一人レジ係りが座っています。レジ係りはアンナが百コロナの高額紙幣で支払いをしているのに気付きます。レジ係りは（品物と）それを交換して残金をアンナに何枚かの定額紙幣と銀貨及び銅貨で返さなければなりません。

QUESTIONES

1. Que es le verbo ab le qual "portator" es derivate? 2. Venditrice es un femina qui vende. Como se appella un homine qui vende? 3. Que es le plus grande: un boteca o un magazin? 4. Que colores ha vos apprendite usque nunc in interlingua?

質問

1.「portator」が派生した元の動詞は何ですか？ 2.「Venditrice」は（物を）売る女性です。（物を）売る男性は何と呼ばれますか？ 3. どちらがより大きいですか、boteca それとも magazin？ 4. どの色を貴方は今までインテルリングア語で学びましたか？

19 Lection dece-novem/Dece-none lection

VIAGE IN TRAINO CON COMPANIA CURIOSE

Un die Hugo debeva viagiar per traino a un congresso. Essente[34] un poco in retardo ille prendeva un taxi al station central del ferrovias. Ibi ille cercava le platteforma tres, curreva al traino e succedeva attinger lo justo in le momento del partita. Ille passava /per/ duo compartimentos de fumatores e un de non-fumatores ante trovar un sede que semblava libere. Ille demandava un seniora, indicante per su mano le sede: "Excusa me, es iste sede occupate?" – "No, senior", illa diceva, "illo es libere, si il vos place!" – "Gratias, seniora!"

Hugo vide que su con-viagiatrice ha in su compania un parve puera del etate de cinque o sex annos, sedente sur le sede opposite. Illa es dulce, con le capillos longe e blonde e le oculos azur – grande oculos que reguarda con vive interesse toto in su ambiente. Nunc Hugo es in le centro de su interesse: un momento de concentration e illa explode in questiones: "Que es vostre nomine?" – Hugo responde politemente. – "A ubi vos vadera?" – Hugo la informa. – "Ha vos un billet?" – Hugo la assecura[44] que si[45]. – "Quanto costa vostre viage?" – Hugo pote dar la un responsa exacte. – "Quante moneta possede vos?" – Hugo continua responder patiente- ma inexacte-mente[46]. – "Qui es le persona le plus ric que vos cognosce? – "Hugo: "Non sape. Forsan tu?" – "Oh no, ma: como se appella vostre

52

marita?" – Regrettabilemente Hugo non sape que responder[47]. Non importa, illa sape como evitar[47] pausas: "Qual color de oculos prefere vos?" – Hugo reguarda su oculos azur e pensa a un altere par de oculos brun ... "Senior Hugo, proque non responde vos plus?!"

第 19 課

好奇心のある同伴者との列車の旅

ある日フーゴは列車である会合に行かねばなりませんでした。若干遅れていたので [34] 彼はタクシーを利用して鉄道の中央駅まで行きました。そこでは彼はプラットフォーム 3 を探し、列車まで駆け付け、それを丁度出発の瞬間に捕まえるのに成功しました。彼は二つの喫煙者用コンパートメントと一つの禁煙者用コンパートメントを通った後で空いていると思える一つの席を見つけます。彼は手でその席を示しながら一人の夫人に尋ねました:「済みません、この席塞がってますか?「いいえ、旦那さん」彼女は言いました。「それは空いてます。どうぞ!」「有難うございます。奥さん!」

　フーゴは自分の旅の同伴者が 5、6 才の小さな女の子を連れていて、この子が反対側の席に座っているのを見ます。彼女は可愛いくて、長くてブロンドの髪の毛をしており、青い目をしています。大きな目であり、活発な興味で自分の周りを見回しています。今はフーゴが彼女の興味の中心にあります:気持ちを一瞬集中させた後で彼女は色々な質問を矢継ぎ早に浴びせました。「貴方の名前は何ですか?」フーゴは優しく答えます。「どこに行くのですか? フーゴは彼女に知らせます。「貴方はキップを持っていますか?」フーゴは「はい [45]」と言って納得させ [44] ます。「貴方の旅行はいくら掛かりますか?」フーゴは彼女に正確な答えを出すことができます。「貴方はお金をいくら持っていますか?」フーゴは忍耐強くではあるが、不正確に [46] 答え続けます。「貴方が知っている人で誰が一番お金持

ちですか？」フーゴ：「知らないです。ひょっとしたら君」
「ェー、違うよ、でも貴方の奥さんは何という名前です
か？」残念ながらフーゴは何と答え [47] るべきか知りませ
ん。かまうものか、彼女は会話の途切れを回避する [47]
術を知っています。「貴方は目は何色が好きです
か？」フーゴは彼女の青色の目を見つめながら、もう一
対の茶色の目を考えています。「フーゴさん、なぜ貴方
はもう答えないの？！」

20 Lection vinti/Vintesime lection

IN UN HOTEL E UN RESTAURANTE

Arrivate al urbe del congresso, que ha tamben un grande porto e es multo frequentate per estranieros, Hugo hasta a su hotel. – "Bon die, senior, e benvenite a nos!" – "Bon die! Io ha reservate un camera a un lecto e con banio pro tres dies. Mi nomine es Hugo Nordanus." – "Ben, un momento, senior, vos habera le camera numero 87 (octanta-septe), ecce le clave. Vole vos, per favor, reimpler iste formulario e mitter vostre signatura[42] in nostre registro de viagiatores? Le camerero vos adjuta con le bagage."

Post un medie hora Hugo se dirige al restaurante del hotel, ubi un servitor le da le menu (carta de mangiar). Il ha plure plattos de pisce e de carne, patatas frite o cocite, verdura. Hugo commanda immediatemente suppa e un platto de carne, nam ille es pressate, e le servitor demanda: "E, que prende vos pro biber? Nos ha le biberages sequente: aqua mineral, succos de fructos, vinos, lacte." – "Aqua mineral, per favor, e pro finir un tassa de caffe, sin crema, nigrissime!" – Un servitrice comencia poner le plattos, un vitro, un cultello, un furchetta e un coclear, e tosto – certo intra un hora – Hugo habera su dinar.

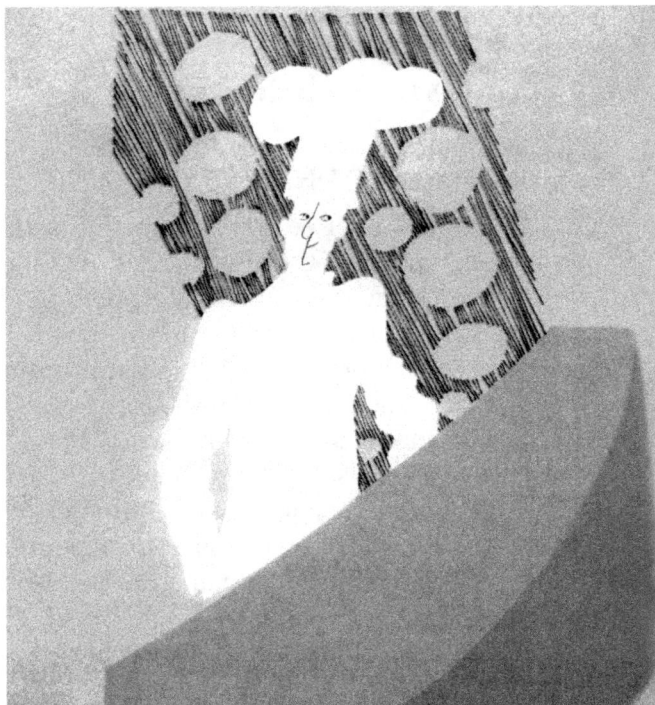

第 20 課

あるホテルとレストランにて

大きな港もあり、外人が非常に頻繁に行きかう会合の
町に到着して、フーゴは自分のホテルへと急ぎます。「こ
んにちは、お客様、ようこそ当ホテルにお出で下さいま
した！」「こんにちは、私はシングルベッドとバス付きで 3
日間の予定で一つの部屋を予約してあります。」「私
の名前はフーゴ・ヨルダヌスです。」「はい、少々お待ち下
さい、お客様、87 号室をご利用下さいませ、こちらに
キーがございます。この書式にご記入頂き、当ホテルの
旅客記録カードご署名 [42] 願えますか？ボーイがお客様
のお荷物のお手伝いを致します。」

　30 分後にフーゴはホテルのレストランに向かいます。そこ
ではウェーターが彼にメニーを渡します。彼は肉と魚、フライ

ド又はボイルド・ポテト、野菜とっいった複数の料理を貰います。フーゴは直ぐにスープと肉料理を注文します。なぜならば彼は急いでいるからです。そしてウェーターが尋ねます：「それから、お飲物は何をお取りになりますか？お飲物はミネラル・ウォーター、フルーツ・ジュース、ワイン、ミルクがございます。」「ミネラル・ウォーターをお願いします。そして最後にコーヒーをミルクなしで、本格的なブラックでお願いします！」一人のウェートレスが各料理、一個のグラス、一個のナイフ、一個のフォーク、一個のスプーンを置き始め、そして直ぐに、間違いなく一時間以内にフーゴはディナーを取ることになります。

QUESTIONES
Que significa in interlingua e in vostre proprie lingua le sequente vocabulos italian? 1. cucchiaio, 2. forchetta, 3. piatto, 4. coltello.

質問
インテルリングア語と我々自身の言語では下記のイタリア語は何を意味しますか：1. cucchiaio, 2. forchetta, 3. piatto, 4. coltello.

21 Lection vinti-un/Vinti-prime lection

I. HUGO COMO ORATOR PUBLIC

Mangiante su excellente dinar ibi in le restaurante, Hugo audi ex un radio reportos del cruelitates[49] de un guerra in un pais lontan. On reporta hodie de milles de victimas, plure centos jam morte, alteres o moriente o con vulneres mortal. Subito le manca le appetito.

Post un o duo horas ille stara ante le congresso del Association del Amicos del Nationes Unite, parlante re le "Super-population e le problemas alimentari". Vos, car lector, qui cognosce Hugo, vos sape que ille es un poco timide[50]. Que vos le da nunc vostre appoio![51]

Jam es le tempore: Hugo ascende le tribuna pro comenciar su discurso. Ille es nervosissime. Su geniculos tremula, il le sembla mesmo que illos tremula si forte que isto debe esser audibile ... Ille senti le sudor a su fronte, su genas es pallide[50], su labios sic e in le bucca su lingua es rigide como un pecia de ligno. "Parlar essera impossibile", ille pensa. "Tote le mundo me reguarda. Al ultime grado del scala io va cader. On ridera usque alcuno trovara que mi corde non plus batte, que io ha habite un collapso a causa de 'timor[50] del scena' ..."

第 21 課

I.　大衆演説家としてのフーゴ

　レストラン内のそこで素晴らしいディナーを食べながら、フーゴは一台のラジオから遠い国で起きている戦争の悲惨さについての報道を聞き出します[49]。今日は数千人の犠牲者について報告していて、数百人は既に死亡しており、他の人達は瀕死の状態か又は致命的負傷をしています。彼は突然食欲が欠け始めます。

　1、2 時間後には彼は国連友の会の会議場の前に立ち、「過剰人口と食料問題」について話すことになります。フーゴを少し知っている親愛なる読者の貴方は彼が若干臆病[50]であることをご存知です。彼に貴方の支持を与えて下さい！[51]既に時間が来ました：フーゴは演壇に登り自分の演説を始めます。彼は極めて緊張しています。彼の膝は震えています。膝は余りにも強く震えているために人の耳に聞かれているに違いないとさえ思えます。彼は自分の額に汗を感じ、彼の両頬は蒼ざめて[50]います。彼の唇も同様であり、口の中で彼の舌は木片のように強張っています。「話すのは不可能だろう」と彼は考えます。「全員が私を見つめている。階段の最後の段で私は転ぶであろう。人々は笑い、その後で誰かが私の心臓がもはや打つのを止めていること、私がその場の恐怖[50]から崩れてしまったことに気付くことだろう。

QUESTIONES
1. Proque perde Hugo le appetito? 2. Explica nos lo que es un "vulnere mortal"! 3. Proque besonia Hugo nostre appoio? 4. Explica in simple parolas lo que significa "super-population"! 5. Que pote le publico vider de su nervositate? 6. Que time ille? 7. Que color ha su genas quando illos es "pallide"?

質問
1. フーゴはなぜ食欲を失いますか？ 2.「vulnere mortal」とは何か説明して下さい！3. フーゴはなぜ私達の支持を必要としていますか？ 4.「Super-population」とは何を意味するのか簡単な言葉で説明して下さい！ 5. 一般市民は彼の緊張から何を見て取っていますか？ 6. 彼は何を恐れていますか！ 7. 彼の両頬は「pallide」の時は何色をしていますか？

22 Lection vinti-duo/Vinti-secunde lection

II. HUGO COMO ORATOR PUBLIC

Ma in iste momento ille nota – con gratitude[49] – que su altere "ego", le embryon de un medico intra ille, constata sobriemente: "Aha, ecce un caso de panico! Io debe calmar iste stupide asino que es io: geniculos tremulante nunquam es audibile. E vide, ibi sede al minus duo homines qui te non reguarda. Illes garrula! In iste momento solemne! Isto es quasi un offensa! Tu debe eveliar les! Attraher lor attention al thema de tu discurso! Tu corde es in ordine perfecte con omne su valvulas e cameras e venas. Toto es in ordine."

61

第 22 課

II. 大衆演説家としてのフーゴ

しかし、この瞬間に彼は有り難いことに [49] 次の点に気付きます：彼のアルター「エゴ」、医者の卵、が彼の彼の体に入り、次の点を冷静に確認します：「アー、一つのパニック例ここにあり！私は私というこの馬鹿なロバの気を静めないといけない。震える膝は決して聞こえない。それに、見よ、あそこにお前を見ていない男が少なくとも 2 人いる。彼等はお喋りしている！この厳かな瞬間にも！これはほぼ侮辱に等しい！お前は彼等に注意を促すべきだ。お前のテーマに彼等の注意を向けるべきだ！ お前の心臓はその弁、心室及び静脈を含め全て完璧な状態にある。全てが順調だ。

QUESTIONES
1. Como se appellava Hugo, notante que ille esseva troppo nervose? 2. Que es le opposito de "nervose"? 3. Proque se trovava ille offendite?

質問
1. フーゴは自分が過度に緊張しているのに気付いてどのように自分に呼び掛けましたか？2.「nervose」の反意語は何ですか？ 3. なぜ彼は自分が侮辱されるいるのに気付きました？

23 Lection vinti-tres/Vinti-tertie lection

III. HUGO COMO ORATOR PUBLIC

Nunc ille jam sta sur le tribuna, detra le cathedra. Un o duo secundas ille ha state ibi e isto ha producite in le auditorio le effecto que illo ha devenite silente. "Nunc o nunquam!" Ille audi su proprie voce: "S-senioras ... e seniores! Car amicos!" De novo un pausa, brevissime, ma con effecto, ille constata. Nunc mesmo le garrulantes ha incatenate lor linguas. "Io les dominara." Rapidissimo vola trans su mente un pensata de satisfaction: "Bonissime que io ha abandonate mi prime intention de comenciar per ille phrase antiquate: 'Jam le ancian egyptianos'[52] ..." Plus belle nunc sona: "Heri, hodie, deman – un problema es le mesme. Heri, hodie, deman – un question remane de importantia indiscutibilemente vital. De ubi prender nostre pan quotidian? In le regiones de prosperitate[49], in que nos, felices, habita, iste question non se pronuncia tanto sovente, ma nos sape que alterubi ..."

Justo in iste momento quando ille ha ganiate su prime victoria super le timor, ille discoperi in le sala, in le tertie rango de bancos – illa, Anna, su Anna ...

第 23 課

III. 大衆演説家としてのフーゴ

今、彼は既に演壇に立っている。1、2 秒間彼はそこに立ち、ましたが、これは講堂内が静かになるという効果を生みました。「今やるか永久にやらないか！」彼は自分の声

を聞きます：「ご、ご来場の皆様！親愛なるお友達の皆様！再び沈黙があり、短いながら効果が出ていると彼は確信します。この瞬間お喋り人達は自分の舌を抑えました。「私は彼等を支配するでしょう。極めて速く満足な考えが彼の脳裏を横切ります：「私があの古いフレーズで始めようとした最初の意図を私が放棄したのは極めて良いことです。「既に古代エジプト人 52」...「より美しく響きます：「昨日も、今日も、明日も一つの同一の問題が存在します。昨日も、今日も、明日も － 一つの疑問が議論の余地なく重要であり続けます。「どこから我々の日常の糧を確保するか？」ということです。我々「幸福なる者」が住んでいる各繁栄地域 49 においてはこの疑問は余り発っせられませんが、私達は知っています、別の所では ...

　彼が恐怖に打ち勝ち最初の勝利を得た丁度この瞬間において彼はホール内に、第三列目の座席に彼女、アンナ、彼のアンナを発見します。

QUESTIONES
1. Ille stava alcun secundas sur le tribuna sin parlar. Proque? 2. Como se appella un homine qui ha ganiate un victoria? 3. Como explicar le expression "regiones de prosperitate"?

質問
1. 彼は数秒間話さずに演壇に立っていました。なぜですか？ 2. 一つの勝利を得た人は何と呼ばれますか？ 3.「繁栄地域」という表現はどのように説明すべきでしょうか？

24 Lection vinti-quatro/Vinti-quarte lection

IV. HUGO COMO ORATOR PUBLIC

Anna le habeva promittite un surprisa – e ecce illo: Su presentia in le sala del congresso! Ille parla, ille senti un vivificante[53] calor[50] sublevar se in su interior, ille parla, ille es le maestro del thema, le manuscripto ante ille es non-toccate, su voce se leva e se bassa, ille lo sona como un instrumento musical: illo es portator de su sentimentos[55], de su argumentos, ille parla – nunc a illa sol; le alteres, le criticos, le collegas qui forsan le deridera, non importa plus, non existe!

Il es evidente que le publico se ha tornate in favor de su ideas. Illo sede, captivate del ardor e del brillante argumentation del juveno sur le tribuna. Ma subito un pensata le frappa como un fulmine: "Io pensa que io parla a illa, durante que illa non comprende un singule parola de mi lingua maternal ...!"Nunc, ille ha arrivate al fin de su discurso, le pausetta quando "le fulmine" le frappava, esseva a pena remarcabile. Ille fini per un appello, acceptate con applauso forte e plen de sympathia.

Tamben Anna applaude, longe-, forte- e enthusiasticamente ...

第 24 課

IV. 大衆演説家としてのフーゴ

アンナは彼に一つの驚かせる物を約束していた。そして、ほら、これがそれです：会議場に彼女が出席していることです！彼は話し、生気を与える[53] 熱[50] が体内に沸き起こるのを感じます。彼は話します。彼はこのテーマの師範です。彼の前にある原稿は触れられておりません。彼の声は高くなったり、低くなったりします。彼は声を楽器のように鳴らします：彼は感情[55]、議論の担い手です。彼は話していますが、今は彼女一人に向けてです；他の人達、批評家、同僚は彼を嘲笑するでしょうが、最早重要ではありません、存在しません！

聴衆が彼の色々な考え方を支持したのは明らかです。聴衆は演壇に立っている若者の熱意と輝かしい議論に魅了されたまま座っています。しかし、突然ある考えが雷のように彼を叩きます：「私は自分が彼女に話し掛けているが、一方、彼女は私の母国語の一言も理解できないと思う！

今、彼は自分の演説の最後に辿り着きました。「雷」が彼を叩いた時の短い短時間の途切れは殆ど目立ちませんでした。彼は最後に一つのアピールを述べましたが、これは拍手と溢れるほどの好感で受け入れられました。

アンナも長く、強くそして情熱的に喝采しました。

QUESTIONES
1. Como Anna le surprendeva? 2. Esque le facto que Anna esseva in le auditorio le ha facite plus nervose? 3. Tamben Anna applaude. Proque, crede vos?

質問
1. アンナは彼をどのように驚かしましたか？ 2. アンナが講堂にいたとう事実は彼をより緊張させましたか？ 3. アンナも喝采します。なぜだと貴方は思いますか？

25 Lection vinti-cinque/Vinti-quinte lection

LE PRIME NIVE

Le autumno tosto va transir in hiberno. Le arbores sta nude, jam /depost/ longe tempore disfoliate. Il es un vespere autumnal, un vespere de autumno tarde.

Hugo e Anna ha passate le ecclesia e nunc se promena a transverso le parco. Le aere es fresc. Durante tote le die le celo habeva essite obscur e nunc on pote vider ni le luna ni le stellas.

"Le autumno me pare un tempore triste", dice Anna, "si gris e pluviose. Tamben le hiberno non me place con su frigor." – "No, tamben a me illo non gusta multo", consenti Hugo, "ma le natura debe dormir. E pensa a isto: le hiberno precede le primavera, con su flores e odores. E postea veni le estate, calide, con sol e belle tempore sempre, sempre!" (Al pluvias estive, que non es si infrequente, illes non pensa.)

"Ah", Hugo continua con enthusiasmo pretendite, "refrescar se per banios in le undas de un mar salin!!" Anna ride: "Evidentemente le autumno non face te troppo triste!" – "No, iste autumno me sembla supportabile ...", ille replica immediatemente, e prendente le mano molle de su amica, ille adde, seriose, "considerante que io va 'hibernar' e ir al incontro del primavera con te."

Mano in mano illes continua lor promenada, tacente. Subito illes se arresta, e torna lor facies in alto. Lentemente comencia cader le prime nive. Illes se reguarda – e lor labios se incontra, teneremente, in le prime basio.

E nunc, car lector, nos dice – discretemente – "Adeo!" a Hugo e Anna.

第 25 課

初雪

秋は間もなく冬に移り変わろうとしています。木々は既に久しい前から落葉して裸です。今は秋のある夕方、晩秋のある夕方です。

　フーゴとアンナは教会を通り、今、公園を通り抜けるように散歩しています。空気は新鮮です。一日中、空は暗く、今は

69

月も星も見えません。

　「秋は私には悲しい時期に思える」とアンナは言います。「こんなに灰色で雨が多いです。冬もその寒さが故に私は好きではありません。「エエ、私も余り好きではないです」とフーゴが同意します。「しかし、自然は眠る必要があります。」「それに、このことを考えて下さい：冬は春に先立ちますが、春には花や匂いがあります。そして、その後で暑くて常に太陽と綺麗な天気をもたらす夏がやって来ます。」(それほど稀でもない夏の雨について彼等は考えません。)

　「アー」と言いながらフーゴは熱意を装いながら続けます。「塩分を含む海水の波を浴びて爽やかになる！？」アンナは笑います：「明らかに秋は貴方を余り悲しくはしません！」「エエ、この秋は耐えられるように思えます…」彼は直ぐに返事し、彼女の柔らかい手を取ります。彼は真剣に付け加えます。「私が冬眠し、貴方と春を迎えることことを考えるならば。」

　手と手を取り合って彼等は自分達の散歩を黙って続けます。突然彼等は立ち止まり、顔を上の方に向けます。ゆっくりと初雪が降り始めます。彼等はお互いに見つめ合います。そして彼等の唇は初キスで優しく触れ合います。

　そして、今、親愛なる読者よ、我々は思慮深くフーゴとアンナに「さようなら」を言います。

26 Lectiones vinti-sex e vinti-septe/
27 Vinti-sexte e vinti-septime lectiones

EXTRACTO EX UN JORNAL QUOTIDIAN
(Ab le reportero special del Agentia de pressa ABC)

In le recente conferentia de UNESCO – le Organisation del Nationes Unite pro Education, Scientia e Cultura – le delegatos de plure statos-membros exprimeva lor satisfaction[42] del numerose nove initiativas prendite per le secretariato pro le disveloppamento[55] de servicios facilitante le excambio de informationes[42].

In le debattos causate per le propositiones de certe nove mesuras pro attaccar le analphabetismo, quatro delegationes se univa in un protesto contra le retardamento[55] del planos, que, per consequente, significa tamben un retardamento correspondente in le realisationes[54] practic. "Pro que non", demandava le chef de un del delegationes in su discurso, pronunciate con multe habilitate e temperamento, "proque non projectar constructiones de scholas que es usabile in plus que un region?" Un tal standardisation[54] diminuerea le costos de milliones innumerabile. Tamben un standardisation de manuales, p.ex. (per exemplo) de mathematica, ducerea a economisation, manteneva le porta-voce de un altere delegation, qui addeva que le manco de instructores[42] pote esser remediate, in multe casos, per emissiones de radio e de television.

Le resolution, acceptate al fin del sessiones, recommenda: Primo: Le prioritate del lucta contra le analphabetismo debe esser manifestate per actiones resolute, rapide e rational. Secundo: Conforme a un proposition del Presidente del Assemblea General, le Consilios National debe studiar seriosemente omne possibile solutiones rational del problemas del communication linguistic inter le nationes.

Ante responder iste *Questiones*, relege § 42 concernente le formation de parolas ab le radice derivative ("radice duple" o le "thema").

第 26 課及び第 27 課

日刊紙からの抜粋
（ABC プレスの通信社の特派員による）

最近の UNESCO、即ち国連教育科学文化機関において複数の会員国の代表者は情報 [42] 交換を簡単にするサービスの発展 [55] のための事務局により取られた多数の新たな率先的行動に満足 [42] を表明した。

　文盲と取り組むための幾つかの新たな対策の提案により引き起こされた議論において、4 つの代表団は計画の遅れ [55] に対する抗議の中で団結した。従ってこの遅れは実践的実現 [54] に相当の遅れが出ていることをも意味している。「なぜそうしないのですか」とこれらの代表団の内の一つの団長は多大な能力と気性を見せながら発表した演説の中で尋ねる。「一つの地域以上で利用可能な学校の建設をなぜ計画しないのですか？」このような標準化 [54] は何百万（ドル）もの費用を削減することになるでしょう。例えば数学の教科書の標準化も節約をもたらすことであろうともう一つの代表団のスポークスマンは主張した。彼は次のように付け加えた：「教員 [42] 不足は多くの場合ラジオ及びテレビの放送により救済され得ます」。

　会議終了時に受諾された決議は次のように推薦している：第一に、文盲との戦いの優先性は断固たる、迅速な且

つ合理的な行動によりはっきり示さなければならない。第二に、総会議長の提案に従い、国民評議会は国家間の言語による意思疎通の問題の全ての可能な合理的解決を真剣に研究しなければならない。

これらの質問に答える前に読み直して下さい：§ 42 派生語根からの単語の形成について（「二重語根」又は「テーマ」）。

Exemplo del structura

crea|r| (morphema de base + *r*) = infinitivo
crea|t|ion   (morphema de base + t + *ion*) = subst., acto de crear o le resultato del crear
crea|t|or   = subst., alcuno qui crea
crea|t|ori   = adj., characteristic de alcuno qui crea
crea|t|ive   = adj., habente le capacitate de crear
crea|t|ura   = subst., toto que ha essite create

Forma secundo le structura demonstrate in supra altere series de substantivos e adjectivos con iste suffixos e adde le significationes in vostre lingua! (Certe formas pote exiger plure parolas pro lor explication.)

構造の例

crea|r| （基本形態素 + *r*）= 不定詞
crea|t|ion （基本形態素 + t + *ion*）= 名詞、創造する行為又は創造の結果
crea|t|or = 名詞、創造する者
crea|t|ori   = 形容詞、創造する者を特色付けるような
crea|t|ive   = 形容詞、創造する能力を持つような
crea|t|ura   = 名詞、創造された全ての物

上記に示した構造に従いこれらの接尾辞で他の系列の名詞及び形容詞を形成し、貴方の言語での意味を追加して下さい！（ある幾つかの形はそれらの説明に複数の単語を必要とします。）

QUESTIONES
1. informa|r, 2. defini|r, 3. con|stru|e|r (-struct-),
4. pos|sed|e|r (-sess-), 5. age|r (-act-),
6. intro|duc|e|r (-duct-), 7. tele|vid|e|r (-vis-).

質問
1. 知らせる 2. 定義する 3. 建設する(-struct-),
4. 所有する(-sess-), 5. 行動する (-act-),
6. 導入する(-duct-), 7. テレビで見(-vis-).

28 Lection vinti-octo/Vinti-octave lection

EXTRACTOS AUTHENTIC EX "SCIENTIA INTERNATIONAL – NOVAS DEL MENSE IN INTERLINGUA"
(Publicate per le Division de interlingua de Science Service)

RECERCA DE CANCER
Un sero anticancerose preparate per dr. B. Björklund de Stockholm, Svedia, e doctores J. Graham e R. Graham de Boston, Statos Unite de America, se ha monstrate capace a destruer cellulas cancerose in vitro, durante que illo non attacca cellulas normal in le mesme culturas. Le sero esseva preparate ex le sanguine de un cavallo que habeva recipite injectiones de miscite materia cancerose derivate ab 56 personas.

(Junio 1955)

第 28 課 「国際科学 — インテルリングア語による今月のニュース」からの抜粋

（サービス科学のインテルリングア部門による発表）

癌の研究

スウェーデンのストックホルムの B. ビョェルクルント博士、米国のボストンの J.グラハム博士及び R.グラハム博士により準備された抗癌血清は試験管内で癌細胞を破壊する能力がある一方、それは同一の培養の中の正常細胞を攻撃しないことが示された。この血清はある馬の血から準備された。この馬は事前に 56 人から得た混合された発癌物質の注射を受けていた。

(1955 年 6 月)

ZOOLOGIA

Un del tortucas gigante que capitano Cook habeva capturate in le Galapagos e que ille presentava in 1777 al rege del insulas Tonga vive ancora e se trova in bon sanitate. Illo es un favorito del familia del regina Salote.

(Decembre 1954)

生物学

クック船長がガラパゴスで捕獲し、1777 年にトンガ諸島の王様に紹介したゾウガメの内の一匹は未だ生きていて、良い健康状態にある。サローテ女王の家族の一つのお気に入りである。

（1954 年 12 月）

GEOLOGIA

In duo lacos al interior de Norvegia, aqua salin esseva recentemente constatate a profundores de circa 100 m. Dr. H. Holtan del Instituto Norvegian de Recercas Hydrologic, explica ille facto per le hypothese que 10.000 annos retro, post le plus recente epocha glacial, grande partes de Norvegia

75

esseva infra le superficie del oceano. Dr. Holtan ha calculate que le superficie del oceano ha descendite depost ille tempore per circa 45 m.

(Augusto 1965)

地質学
ノルウェー国内の二つの湖で海水が最近約 100 m の深さの所で確認された。ノルウェー水文学研究所の H.ホルタン博士はこの事実を一万年前には最後の氷河期後にノルウェーの大きな幾つかの部分が海面下にあったという仮説で説明している。ホルタン博士は海洋の水面がこの時期後に約 45 m 下がったことを計算で割り出した。

（1965 年 8 月）

COMPUTATORES ELECTRONIC
In Scandinavia, computatores electronic es plus numerose – in relativitate al population – que alterubi in Europa.

(April 1965)

電子工学コンピュータ
スカンジナビアでは電子工学コンピュータは人口との比較においてヨーロッパの他の地域よりも多い。.

（1965 年 4 月）

QUESTIONES
1. Como scribe vos per litteras omne cifras in iste lection? 2. Que describe zoologia e geologia, le duo scientias mentionate in iste textos? 3. A que branca de scientia pertine le recerca de cancer?

質問
1. 貴方はこの課で全ての数値を文字でどのように書きますか？ 2. これらの本文に述べられている二つの科学分野、即ち生物学及び地質学は何を説明する物ですか？ 3. 癌の研究は科学のどの分野に属しますか？

29 Lection vinti-novem/Vinti-none lection

ARCHITECTURA

Ab Russia on reporta enorme progressos in le construction de edificios a partes prefabricate. In Kiev un prefabricate edificio a cinque etages esseva complite in 63 dies, e in Magnitogorsk dece obreros ha erigite un edificio de tres etages con 36 appartamentos in 28 dies. On expecta que verso le fin de 1956 circa 20 pro cento del russe construction de domicilios urban va usar le technica del partes prefabricate. Architectos statounitese dubita del exactitude de iste reportos, ma illes possede nulle base de comparation proque in le Statos Unite le construction ex partes prefabricate es limitate quasi integremente a edificios sin etages.

(Februario 1955)

第 29 課

建築学

ロシアからプレハブ部品式建物の建設における著しい進歩が報告されています。キエフでは 5 階建てプレハブ建物が 63 日で完成され、又、マグニトゴルスクでは 5 人の労働者が 36 個のアパートを持つ 3 階建ての建物を 28 日で建てた。1956年末に向けてロシアの都市住宅建設の約 20%がプレハブ部品技術を使用するようになることが期待されている。米国の建築家はこの報告の正確性を疑っているが、彼等は米国ではプレハブ部品での建設がほぼ全面的に平屋に限られているため如何なる比較の根拠も持たない。

（1955 年 2 月）

MORBOS CARDIAC

Recente studios epidemiologic in Japon e le Statos Unite ha demonstrate que morbos cardiac es plus frequente in areas de aqua molle que in areas de aqua dur. (Aqua molle es aqua a basse contento mineral; aqua dur es aqua a alte contento mineral.) Le mesme correlation es nunc reportate ab Svedia a base de un vaste studio del causas de morte ab 1950 a 1960 in le complete population de omne citates svedese con plus que 25.000 habitantes.

(Martio 1965)

心臓病
日本及び米国における最近の疫学的研究は心臓病が硬水地域においてより軟水地域において頻発していることを実証した。(軟水は低いミネラル含有量が低い水であり;硬水はミネラル含有量が高い水である。)同じ相関関係が今ではスウェーデンからも報告されているが、これは2万5千人以上の住民を持つ全てのスウェーデンの都市の全人口における1950年〜1960年の死因の広範囲に亘る研究に基づいている。

(1965年3月)

COMMUNICATIONES

Phocas e delphinos (como multe altere animales) es capace de communication interindividual per sonos expressive de dolor, gaudio e varie altere emotiones. On ha succedite a transmitter telephonicamente le sonos producite per un tal animal in Florida a un altere in Hawaii. Il pare que le duo se comprendeva perfectemente. Lor conversation telephonic coperiva un distantia de circa 9.000 kilometros e esseva conducite in sonos de un frequentia de 2.000 cyclos per secunda.

(Junio 1965)

意思疎通

アザラシとイルカは（多くの他の動物と同様に）痛み、喜び及び他の色々な感情を表現する音により個体間の意思疎通ができる。（最近、）フロリダのこのような動物が発した音を電話でハワイのもう一匹に伝えることに成功した。二匹はお互いに完全に理解し合ったように見える。彼等の電話による会話は約 9,000 km の距離を乗り越え、2,000 サイクル/秒の周波数の音で行われた。

（Junio 1965 年 6 月）

QUESTIONES

1. Que es un "edificio"? 2. In que organo del corpore se monstra morbos cardiac? 3. Exprime per un phrase lo que occurre in le notitia "Communicationes"!

質問

1.「Edificio」とは何ですか？ 2.「morbos cardiac」は体のどの器官に現れますか？ 3. ニュース「意思疎通」の中で生じていることを一つの文章で表現して下さい！

30 Lection trenta/Trentesime lection

PROVERBIOS IN INTERLINGUA
(Ex un libro non ancora publicate, compilate per P. Dornbach)

Cata rana se crede Diana.
Del dicto al facto es grande tracto.
Palea e foco non sta ben in un loco.
Al tempore de ficos non manca amicos.
Que es licite a Jove, non es licite a bove.

In le introduction de iste curso de interlingua nos trova indicate un possibile solution del problemas practic de communication linguistic: *Un convention inter un numero de statos, le qual garantirea a cata cive un inseniamento elementari de interlingua.* Un tal instruction non prenderea tempore ab altere subjectos scholar, proque le cognoscentia del vocabulario international esserea utile *e* in le lingua materne de quasi omnes, *e* in le altere linguas que on debe (o vole) studiar in le scholas tamben in le futuro. (Le publicationes scientific del grande nationes essera durante longe tempore necessari pro omnes, le litteratura nunquam superflue!)

Como se realisara un tal introduction official de interlingua in le scholas? (Le nove, juvene generation lo facera!) Secundo nostre opinion illo presupponerea i. a. le creation de un instituto international que se occuparea del elaboration de manuales e cursos pro radio e television e de dictionarios pro omne linguas concernite, e del education de professores designate a inseniar futur instructores del idioma international. In addition illo se occuparea del edition de un revista mensual

80

dedicate a questiones linguistic e al methodos de diffusion de interlingua e de un revista mensual cultural e forsan tamben de un septimanal popular con un contento multo general e variate.

Le centralisation, in le stadio initial, de iste activitates garantirea un alte grado de stabilitate del lingua, impediente omne risco de dissolution del lingua in dialectos. Le apprehension que un tal dissolution occurrerea es multo exaggerate in nostre era de possibilitates quotidian de contactos global per radio e television, telephono e internet con posta electronic. E in nostre tempore le methodos moderne de registration de voces rende practicabile le uso in le scholas de registrationes identic, como un norma, in audiocassettas e discos compacte (CDs e DVDs) – assi ben in Argentina como in Zambia.

Naturalmente vostre studios non debe finir ancora: iste curso vos da le grammatica e le mille quatro centos parolas le plus frequente, e duo milles nos sembla un minimo. Nos vos recommenda leger textos ex multe campos. Lege regularmente un magazin in interlingua e le libros de nostre litteratura – plus que 150 libros in Servicio de Libros! Quando vos es "matur" – lege Gode: *Dece Contos* – le perla de nostre litteratura usque nunc.

Scribe a un del adresses in infra e annuncia vos como membro e/o abonato de un periodico in interlingua!

E super toto: scribe immediatemente a un organisation pro venir in contacto con altere utilisatores de iste lingua que pertine a tote le mundo, isto es tamben a *te*!

第 30 課

インテルリングア語の諺
（P. Dornbach が編集した未出版の一冊の本から）
　蛙、皆、自分とダイアナ取り替える。
　言葉から行動までは長い道。
　藁と火は一つの場所で火が藁に。
　いちじくの時期にはいつも友だらけ。
　ジュピターに許されしこと、牛禁止。

　本インテルリングア語のコースの紹介の所で私達は言語による
意志の疎通の実践的問題に対する一つの可能な解決法
が示されているのを目にします：それは各国民にインテルリング
ア語の基礎教育を保証する多数の諸国間の協定です。
このような教育は他の科目から時間を奪うことがないでしょ
う。国際語彙の知識はほぼ全員の母国語においても、又、
将来も学校で学ばねばならないか又は学びたい他の言語
においても役立つからです。（諸大国の科学的出版物は
長い間に亘り誰にとっても必要であり続け、決して余計な
文献にはならないからです！）
　学校にこのようなインテルリングア語を正式導入するのはど
のように実現されるのでしょうか？（新しい若い世代がそれ
をすることでしょう！）私達の意見によれば、それは特に一
つの国際機関の創設を前提とすることでしょう。その機関
は教科書、ラジオ及びテレビによる学習コース、及び関係する
全言語の辞書の編集に携わると共に、この国際言語の将
来の教員を教育するよう任命された教授の教育とも取り組
むことになるでしょう。更には、この機関は言語学的質問
やインテルリングア語の普及方法を専門とする月間誌、並びに
文化的な月間誌及び多分非常に一般的且つ多岐に及ぶ
内容の大衆向け週刊誌の編集にも従事することになるで
しょう。
　これらの活動の初期における中央集権化はこの言語の
高水準の安定性を保証し、言語が幾つかの方言に分散
するリスクを阻止することでしょう。このような分散が発生する
のではないかという心配はラジオやテレビ、電話及び電子メー

ルを伴うインターネットによる日常的な地球規模の接触の可能
性がある私達の時代には大いに誇張されています。又、
私達の時代ではオーディオ・カセットやコンパクト・ディスク（CD や
DVD）への音声記録の近代的方法がアルゼンチンとザンビア
間でも同一記録内容を学校で標準として使用するのを実
践可能にしてくれています。

　勿論、貴方の勉強は未だ終わってはいけません：このコ
ースは貴方に文法及び最も頻出の 1,400 個の単語を与え
てくれますが、2,000 語の単語が私達には最低限に思えま
す。私達は貴方に多数の分野から取り出したテキストを読む
ことをお勧めします。定期的にインテルリングア語で雑誌を読
み、私達の文献の本（書籍サービス部に 150 冊以上！）を読
んで下さい。貴方が「熟達」された時には Gode を読んで
下さい：10 個の物語 – 今日に至るまでの私達の文学の逸
品です。下記の住所の内の一つ宛てに貴方がインテルリング
ア語の会員及び／又は定期刊行物の購読者としてお知ら
せ下さい！

そして全てを記載して下さい：全員の物であるこの言語の
他のユーザーと接触するために直ぐに何等かの組織に（メッ
セージ）書いて下さい。それも貴方の物です！

QUESTION FINAL
Como volerea vos organisar le introduction de un
lingua auxiliar mundial?
　Invia vostre responsa al autor: Ingvar Stenström,
Vegagatan 12, SE-432 36 Varberg, Svedia.
　Posta electronic: secretario@interlingua.nu.

最後の質問
　貴方は一つの国際補助語の導入をどのように組織作り
したいと思いますか？
　貴方の返答を著者にお送り下さい！：
Ingvar Stenström, Vegagatan 12, SE-432 36 Varberg,
Svedia.
電子メール：secretario@interlingua.nu.

解説/Explicationes

Lection 1 第 1 課

LISTA DE VOCABULOS 単語表

prime 最初の
vos 貴方
（丁寧体又は複数形）
vide 見る（全人称共通の活用
体現在）
un ある；一つの（数字）
libro 本
nigre 黒い
le 定冠詞（英語の the に相当）
es である
esque [エスケ] ですか？（はい/い
いえで答える質問に使用）
si [see] はい；もし～なら、～か
どうか
illo [イッロ] それ
grande 大きい
no [no] いいえ
senior [セニオール] 男子、紳士；
sir, Mr.
non [non] ～ない、非-、不-（そ
れが否定する単語の前に置か
れる）
micre 小さい（人々については
普通は **parve**）
io [イーオ] 私は（大文字で書か
ない）

prende 取る
blanc 白い（モンブランはインテルリ
グア語で Mont Blanc 白い山）
nunc（又は **ora**）今（古英語で
now は nu であった）
ha [ハ] 持つ／持っている
duo [ドゥーオ] 二つ（の）
e そして／及び
ecce [エクツェ] ほらここに
ille [イッレ] 彼
elegante エレガントな
que [ケ] 何？
face する；作る
sta 立つ／立っている
ante ～の前に
banco ベンチ
on [on] 人は（不定人称）
solmente 唯～だけ
ma [マ]（又は：**sed**）しかし
sol [sol] 一人（ぼっち）で
seniora [セニオーラ] 婦人／夫人
sede 座る／座っている
sur (super) [スル、スーペル] ～の
上（の／に／で）

EXPLICATIONES 説明

1　**Un** =「ある；一つの」は不定冠詞。

2　**Le** =「その」は定冠詞であり前述の名詞（物／人）に言及しているこ
とを示します。英語の場合と同様に、それは単数又は複数の男性、
女性及び中性の名詞の前で同一の形をしています：

85

le libro（その一冊の本）
le libros nigre（それらの黒い本）
le seniora elegante（その上品な婦人）
le interesse（その関心）

3 **-s, -es**. これらの語尾は複数を示します；名詞が母音で終わる時は**-s**
が加えら、：<u>au</u>to, **<u>au</u>tos**（自動車）；子音で終わる時は**-es** が加えられ
ます：uni<u>o</u>n, uni<u>o</u>nes（連合）。
注意：複数語尾の追加はどの母音に強勢が置かれるかに変化をも
たらしません。
-s は複数語尾として下記の言語で発生します：英語、フランス語、スペイ
ン語、ポルトガル語、オランダ語、ドイツ語、ラテン語及びギリシャ語。

EXERCITIOS 練習
下記の文章を訳して下さい：
1. 幾つかのベンチ；それらの白いベンチ
2.二人の紳士がベンチに座っている。

4 **Nigre** は形容詞、つまりどのようだか描写する単語です。この形容詞
は通常それが描写する単語（名詞）の**後ろに**置かれます。このことは
全てのロマンス語の場合と同様です。短く且つ一般的な形容詞は名詞
の**前に**置かれます：
un **bon** amico（一人の良い友達）
le **grande** libro（その大きな本）
le **juvene** senior（その若い紳士）
le **v<u>e</u>tere** amicos（それらの老いた友人達）

5 **Libros nigre** = 黒い何冊かの本。形容詞は男性、女性及び中性の
名詞において単複を問わず同じ形を保ちます。これは英語の場合と
同じです：
un libro **rubie**（一冊の赤い本）
duo casas **rubie**（2 軒の赤い家）

6 Si, illo es nigre. ある名詞（この場合 *le libro*）を繰り返す代わりに一
つの代名詞（代替語）を用います：

代替語を要する単語：	代替語：
男性（ヒト又は高等動物）	**ille**　（彼）
女性（ヒト又は高等動物）	**illa**　（彼女）
中性の物（下等動物）	**illo**　（それ）
複数の男性（又は男女混在）	**illes**　（彼等）
複数の女性	**illas**　（彼女等）
複数の中性の物	**illos**　（それら）

EXERCITIOS 練習

下記の各文章の中で正しい人称代名詞を書き込みなさい：

3. Esque le libro/s es blanc?　　　– Si, . . . / . . . es blanc.
4. Esque le senior/es es elegante?　– Si, . . . / . . . es elegante.
5. Esque le seniora/s es elegante?　– Si, . . . / . . . es elegante.

Lection 2 第 2 課

LISTA DE VOCABULOS 単語表

secunde [セクーンデ] 2 番目の
juvene [ジューヴェネ] 若い
reguarda [レグワールダ]眺める、見詰
める、監視する、看做す（活用形現
在）
　reguardar [-アール] 眺める、見詰
める、監視する、看做す（不定形）
dama 婦人
illa [イッラ] 彼女
senioretta [セニォレーッタ]
　ミス、若い女性

belle [ベッレ] 美しい
la 彼女を、彼女に
con 〜と共に
interess|e [インテレーッセ] 興味、利子
　interess|ar [インテレッサール] 興味付
ける
　interess|ante [インテレッサーンテ] 面白
い
　interess|ate [インテレッサーテ] 興味付
けられている
nostre 私達の

87

amico 友人

le 彼を、彼に

tamen しかしながら、但し、とはいえ

sin ～なしで／の

nos 私達は／が；私達を、私達に

debe ～しなければならない、
べき、する必要がある

constatar 確定すべく述べる、確定
する

iste これは／が／を、この、これらは
／が／を、これらの

facto 事実

tragic [トラジック] 悲劇的な

ja(m) [ジャ、ジャム] 既に

pensa [ペーンサ] 考える（活用形現
在）

fatigate 疲れ（させられ）ている

seder 座らせる、座る
  seder se 座り込む

dice [ディーツェ] 言う（活用形現在）
  dicer [ディツェール] 言う（不定形）

a ～に／へ／で

excusa [エクスクーサ]許す、言い訳
（動詞／名詞）

me [メ] 私を、私に

permitte [ペルミッテ] 許す（活用形現
在）
  permitter [ペルミッテール] 許す（不
  定形）

que [ケ] ～ということ（接続詞）

responde 答える、反応する（用形
現在）
  responder 答える、反応する（不
  定形）
  responsa 答え、反応

per ～により、～を通じて

parola 単語

signo サイン、印、兆候

capite [カーピテ] 頭
  capital [カピタール] 頭の、主要な
  （形容詞）
  urbe capital [ウールベ] 首都

question [クウェスティオーン] 質問

multo [ムールト] 沢山（副詞）

EXPLICATIONES 説明

7 Pronomines personal 人称代名詞

Singular 単数	Nominativo 主格		Dativo/Accusativo 与格／対格	
人称	**io**	私は／が	**me**	私に／を
人称 親称／蔑称	**tu**	君は／が お前は／が	**te**	君に／を お前に／を
敬称	**vos**	〃	**vos**	〃
三人称 男性	**ille**	彼は／が	**le**	彼に／を
女性	**illa**	彼女は／が	**la**	彼女に／を
中性	**illo**	それは／が	**lo**	それに／を
Plural **複数**				
一人称	**nos**	我々は／が	**nos**	我々に／を
二人称 親称／敬称	**vos**	貴方は／が	**vos**	貴方に／を
三人称 男性	**illes**	彼等は／が	**les**	彼等に／を
女性	**illas**	彼女等 は／が	**las**	彼女等 に／を
中性	**illos**	それら は／が	**los**	それら に／を

再帰代名詞(文章中の主語を反映する)「彼自身に／を、それ自身に／を、本人自身に／を」は「**se**」です。
「**Lavar se** = 自らを洗う。**Ille se lava** = 彼は自分の体を洗う。
英語の不定代名詞「one」(人々一般)は「**on**」です。その与格形／対格形は uno です。英語では今日「one」の代わりに「you」又は「people」をしばしば使いますが、インテルリングア語では正しい単語は「**on**」です。

89

8 第 1 課における **Vide**（= 見る）、**prende**（= 取る）、**face**（= する、作る）、**sta**（= 立つ）、**sede**（= 座る）は**動詞**です。つまり、行動、即ちその人又は物が行っていることを表す単語です。第 2 課では特に **reguarda, debe, pensa, dice, permitte** を目にします。これらの全ては現在時制にあります。この現在時制は目下（又は常に）起こっていることを私達に伝えてくれます。インテルリングア語では現在時制は常に **-a, -e** 又は（さほど一般的ではないが）**-i** で終わります。人称語尾や複数語尾はありません。（英語の「have」及び「has」はインテルリングア語では両方とも **ha** と訳されます。）能動分詞「is having」もありません。**ha** がこれをもその意味の範囲内に含めています。**Ille ha problemas** = 彼は色々な問題を抱えています。

9 **Constatar**（= 確定する）、**seder**（= 座る）、**audir**（= 聞く）、**finir**（= 終える／終わる）は不定形の状態にある動詞です。これは辞書の中で見る動詞の基本形です。インテルリングア語では他の全ての形（現在形、未来形、過去形及びその他）を導き出すのに必要な唯一の形です。**インテルリングア語では不定詞は常に「-r」で終わります**。現在形はこの「-r」を取り去ることで形成されます。強勢（これは常に最後の子音の前の母音にある）が不定詞の場合よりも一つ前の音節にあることに注意して下さい。例：**seder**（座る）、**ille sede**（彼は座る／座っている）。

EXERCITIOS 練習

インテルリングア語に訳して下さい：
1. 貴方はそのベンチに一人の若い女性がいるのが見えますか？
2. はい、私は彼女が見えます。
3. 貴方は彼女を見なければなりません。
4. 彼女は若いばかりでなく、美しくもあります。
*(「も」= **tamben** 又は **etiam** 又は **anque**)*
5. その若い紳士は彼女に何を言っていますか？
6. 私達の（主人公である）若い女性は答えません。

10 **Excusa!** (Excuse me!) は命令形です。命令形は現在形と同じです

が、主語（io, tu,...）は省略されます（英語の場合と同じ）。

EXERCITIOS 練習

インテルリングア語に訳して下さい：

7. 私に返事しなさい！

8. ベンチに座りなさい！

9. 見なさい！

11 **Non** は否定されるべき動詞又は他の品詞の前に置かれます。

12 **a** は前置詞であり、「〜に／〜へ」や「〜で／〜に」等を表します。前置詞は上記の表の右側の欄にある与格と対格の共通形（略して「与対形」）に追尾されます。従って、次のようになります：**ille face un signo a me (a te, a ille, a illes**, etc.). **a** が冠詞 **le** と組み合わせられると短縮形 **al** を取ります。（英語の"to the..."又は "at the..."等に相当する）。

Lection 3　第 3 課

EXPLICATIONES 説明

13 2 種類の数字があります：**un, duo, tres**, etc. は基数、**prime, secunde, tertie** は序数です。厳密に言えば、序数は基数から形成されます。それは最後の母音（**octo** のように 1 個の母音がある場合）を除去し、語尾 **-esime** を追加することで行われます。（**Vinti** = 20 から **vintesime** = 20 番目（の）。どこに強勢が置かれるか注意する）。しかしながら、相当数の一連の単語はラテン語の不規則な語根に由来しています（例：英語の"primary", "secondary"）これらの一般的に良く知られている不規則な形を低い序数に使用し、上記の規則的な形を「20 番目」を含めそれ以降から使用するのは意味あることです（**vintesime, trentesime, quarantesime**）。本課の内容は容易に理解できますが、読者は充分な実用練習をするのが賢明です。例えは、幾つかの数値群、金額、距離又は電話番号を書き下ろし、その後でこれらをインテルリングア語で素早く言って下さい。これは役立つ発音練習の機会をも与えてくれます。

EXERCITIOS 練習

単語として書いてください:

1. 76
2. 135
3. 1971
4. 12,434
5. 778,903
6. 18,765,432
7. 32 × 4 = 128

8. 7番目 (の)
9. 83番目 (の)
10. 10番目 (の)
11. 11番目 (の)
12. 8番目 (の)
13. 19番目 (の)

月の内の何日かについては、ロマンス語で一般的な形が使用されています:即ち、月の内の最初の一日目を除く他の全ての日に対しては基数を用います(**le prime de septembre, le prime de april**, 但し、**le duo de martio, le tres de augusto, le quatro de julio**)。同じ規則が君主の名前の後でも働きます:**Carolo Prime, Catharina Prime**、しかしながら **Henrico Octo, Ludovico Dece-quatro**.

14 **Le continuation del (= de le) historia**:物語の続き。**De** は「の」(時には「から」)を意味し、一般的に所有している者／物を示します。例: **le can de Hugo** =「フーゴのその犬」。「**De le**」は一つの単語に縮小され、「**del**」と書かれ、その通り発音されます。同様に「**a le**」は「**al**」に縮小されます。更なる例:**le casa de un amico**「一人の友達の家」;**le libros del amicos**「それらの友人達のそれらの本」。このロマンス語の形式はどこに置いたら良いのか見当が付かない英語のアポストロフィーの問題を排除してくれます。

EXERCITIOS 練習

Translate 訳して下さい:

14. その若者の友人
15. 私達の友人の物語
16. 彼はそのレッスンの単語を数える(数える= **contar**)。

Lection 4　第 4 課

LISTA DE VOCABULOS 単語表

quando [クワーント゛] いつ
illes [イッレス] 彼等
sedeva [セデ゛ーヴァ] 座った／座って
いた
ibi そこ、あそこ（副詞）
（参照：*"alibi"* = アリハ゛イ、別の所 *e*）
presso [フ゜レッソ] ～の近く
altere [アルテレ] 他の
　le un … le altere お互いを
su [soo] 彼の／彼女／それの
passava 過ぎた、～の近くを通過し
た
salutava 挨拶した、
「こんにちは」と言った
heroe [ヘローエ] 英雄、主人公
audiva 聞いた
cosa [コーサ] 物
absorbeva [アフ゜ソルヘ゛ーヴァ] 吸収し
た
troppo 過度に
remarcava 気付いた
tunc [トゥンク] その時、その場合
se approchava [-シャーヴァ] 接近した
critava 叫んだ
a ～に、～へ、～で
voce [ヴォーツェ] 声
forte [フォールテ] 強い、強力な
bon 良い（形容詞）
die [ティ゛ーエ] 日
como sta tu?

（君は）ご機嫌いかがですか？
salute! やあ、こんにちは！
gratias [グ゛ラーツィアス] 有難う
　regratiar [レグ゛ラツィアール] 感謝する
ben 良く（副詞）
qui [キ] その人は
（関係代名詞主語）
sentiva [センティーヴァ]感じた
embarassate [エンハ゛ラッサーテ] 困惑さ
せられた
　embarassar [エンハ゛ラッサール] 困惑
させる
parlava 話した
al(i)cun [アル（アリ）クーン] ある、何等
の～も、幾つかの（形容詞）
minuta 分
conversation [コンウ゛ェルサツィオーン]
　会話
esseva [エッセーヴァ]～であった、～
に・あった/いた（不定詞「**esser** = ～
である、～にある、～にいる」から、
現在形 **es(se)** = ～である、～に・あ
る／いる：この単語は余りにも頻発
するので、短い形の **es** がより好まし
い。）
ubi どこに／で
proque [フ゜ロケー] なぜ、なぜならば
longe [ローンゲ] 長い（形容詞）

「g」は常に「go」のように硬いことを忘れないで下さい。但し、これと異なるこ
とが述べられている場合はこの限りではありません。

93

EXPLICATIONES 説明

15 語尾 **-va** は動詞が示す動作が過去において行われたことを示します。「彼は(今日)座る／座っている」= **ille sede (hodie)**;彼は(昨日)座った／座っていた」= **ille sedeva (heri)**。不定詞 **seder** から**-r** 語尾を除去し(これは現在形 **sede** をもたらす)、そこに**-va** を置くと、これは単純過去形をもたらします。更なる例:

話す(不)	話す(活)	話した	聞く(不)	聞く(活)	聞いた
parlar	**parla**	**parlava**	**audir**	**audi**	**audiva**

Lection 5　第 5 課

LISTA DE VOCABULOS 単語表
(以下、動詞は一般的に不定詞形でのみ記載します)

abandonar 放棄する
poter 出来る
　potentia [ポテーンツィア] 力
lassar 放置する
pensata [-atah] 思考
retornar 戻る
femina 女
　feminin 女性の
charmante [シャルマーンテ] 魅力的な
discoperir [ディスコペリール] 発見する
　coperir 覆う
maniera マナー、方法
informar 通知する
　information [-ツィオーン] 情報
concerner [コンツェルネール] 関係する
　concernente 〜に関する／して
leger [レゲール]読む
　lectura 読書
in general [ゲネラール] 一般(的に)
homine 男、人
　(参照:"homo sapiens")

94

あるいは **viro** 男
  viril 男らしい、男性の
  virilitate 男らしさ
(as)satis 充分に
discrete 分別ある、機転のきく
  indiscrete 無分別な
hodie [ホーディエ] 今日
un poco (*or:* **un pauco**) 少し
su 彼の、彼女の、それの
  su ... de ille 彼の
  su ... de illa 彼女の
re 〜に関する／して
nation [ナツィオーン] 国家
unir [ウニール] 統合する
  unite [ウニーテ] 統合された
  Statos Unite de America (SUA) = アメリカ合衆国
organisation [オルガニザツィオーン] 組織
  organisar 組織化する
international [-ツィオナール] 国際的な
scriber 書く
  scribite 書かれた
inter [イーンテル] 〜(の)間の／で
lingua 言語
moderne 近代的な
idioma 言語、地域又は民族に特有の言語
auxiliar [アウクシリアール] 補助の **que** [ケ] この／これらの人、この／これらの物
  （関係代名詞目的格、注記 26 参照）
utilisate 使用／利用されている
periodico 新聞、定期刊行物
studente 学生
voler 〜したい、欲しい
devenir 〜になる
  venir 来る
medico 医師
  medical 医学の／医療の
  medicina 医学
  medicar 治療する
  medicamento 医薬品（錠剤及びその他）

qual? [クワル] どれ？
que [ケ] 何？

発音：「-tion」及びその他の-ti-が発生する形状に関する注意書き（ページ 10）参照。

EXPLICATIONES 説明

16 Ha ... -te:
  ha **abandona*te***   *ha* **scrib*ite***   *ha* **discoper*ite***
    放棄した   書いた   発見した

完了時制（「単純過去時制」の対比から「複合時制」とも呼ばれる）は このように助動詞 **ha** と主動詞の過去分詞で形成されます。過去分 詞は不定形を取り出してから**-r** を**-te** に置き換えることにより形成され ます **(abandonar – abandonate)**。**-er** and **–ir** で終わる不定詞は重 要な歴史的理由から両方とも過去分詞において**-ite** という語尾を取 ります **(leger – legite, finir – finite)**。
過去時制は余韻や効果が残らず、終わった話として片付ける雰囲 気を持っているのに対して、完了時制は余韻や効果が今でも続いて いる雰囲気を伝えます。例えば次のような訳が典型的です。「〜放 棄してある」（結果）、「〜放棄したことがある」（経験）、「〜放棄した ばかりだ」（完了）。尚、「〜放棄し続けて来た」（継続）という意味では 完了形よりも寧ろ現在形を用います。

EXERCITIOS 練習
　第 1-5 課を再度朗読して下さい。その時、全ての動詞の形を単 純過去時制（**-va** 形）に置き換えて下さい。
　この練習を完了時制（**ha ... –te** 形）で反復して下さい。
　これらの練習を口頭で数回行い、その後で筆記により行って下さ い。

Lection 6　第 6 課

LISTA DE VOCABULOS 単語表

prender un decision ［デツィシオーン］
　決定を下す
apprender 習う
　apprendera 習うでしょう
comenciar 始める、始まる
immediate ［インメディアーテ］即刻の
　immediatemente 即刻
visitar 訪問する
bibliotheca 図書館
pro 〜ための／に
cercar ［ツェルカール］探す
manual 教科書、マニュアル
　（本来：**libro manual** ＝ 手引書）
　mano 手
dictionario ［-ナーリオ］辞書
a casa 自宅に／で（副詞）
　in casa 自宅で
attaccar 攻撃する
diligente ［-ゲーンテ］勤勉な
　diligentia 勤勉

studio 学習、研究（名詞）
　programma de studio 学習計画
fixe 固定された
　fixar 固定する、決める、定める
　habeva fixate 定めてあった
intender 〜意図する
　intention 意図
multe 多くの
　multo 沢山（副詞）
rapide 速い、素早い
　rapidemente 素早く
thema ［テーマ］課題、テーマ
divider 分割する
　division ［ディヴィシオーン］分割
primo 最初に、先ず
nomine 名前
mense 月
anno 年
explicar 説明する

EXPLICATIONES 説明

17 未来時制は現在形に**-ra** を加えることで形成されます。力点は最後
の「**a**」の上にあります：

　　visitara　　　**apprendera**　　　**finira**
　訪問するだろう　　学ぶだろう　　終わすだろう／終わるだろう

記述内容が即刻又は非常に直ぐに生じるであろう場合、単語 **va**
（行く）＋ 不定詞が使用されます。これは英語の「going to」に似てい
ます：

　　Illa va prender lo ＝ 彼女はそれを取ろうとしているところだ。

97

18 3つの重要な動詞:

不定詞	ESSER to be	HABER to have	VADER to go
現在	es/se (is, are)	ha/be (have, has)	va/de (goes, go)
未来	essera (will be)	habera (will have)	vadera (will go)
単純過去	esseva (was, were)	habeva (had)	vadeva (went)
過去分詞	essite (been)	habite (had)	vadite (gone)

これらの 3 つはこの言語で最も頻繁に使用されている動詞に含まれており、現在時制（最も一般的な形）は通常短縮されています：**es, ha, va**。但し、命令形では完全形が使用されるかも知れません。

19 語尾**-mente**（又は「c」の後では**-amente**）を用いることにより事実上どの形容詞も副詞（「いつ」、「どこで」、又は「どのように」に答える単語）に変えることができます。

英語では大部分の副詞は「**-ly**」で終わります。

Le traino es rapide その列車は速い（形容詞）	**Le traino va rapidemente** その列車は速く走る（副詞）
Leger es practic 読むことは実用的である。 （形容詞）	**Io ha legite practicamente tote le libro** 私は事実上その本の全部を読んだ。 （副詞）

他の副詞は**-mente** の代わりに**-o** で終わる：

primo	**secundo**	**tertio**	**multo**
最初に	第二に	第三に	沢山（大いに）

勿論、形容詞から導かれていない基本的な副詞もあります：

nunc	**ibi**	**a pena**	**non del toto**
今	あそこ	辛うじて	全く〜でない

Lection 7　第 7 課

LISTA DE VOCABULOS 単語表

tosto 直ぐに

isto これ(代名詞)

le 彼に／を(与格／対格人称代名
詞、注記 7 参照)

semblar 思える、見える

facile [ファーツィレ]簡単な
　difficile 困難な

postea [posteh-ah] 後で

a voce alte a 大声で

septimana 一週間

dominica 日曜日

lunedi 月曜日

martedi 火曜日

mercuridi 水曜日

jovedi 木曜日

venerdi 金曜日

sabbato 土曜日

significar 意味する
　significa 意味する(現在形)

Domino Deo 主たる神

in latino ラテン語で

luna 月

i.e. (= isto es) つまり

deo [deh-o] 神
　dea 女神

guerra [グウェルラ] 戦争
(参照 : "guerilla" [グウェリッラ] =ゲリラ、

戦士)

amor [アモール] 愛

origine [オリージネ] 源

hebree [ヘブレーエ] ヘブライ人／語の

importante 重要な

los それらに／を

saper 知っている

data 期日

mi 私の

incontro 会合、デート

futur [フゥトゥール] 将来の(形容詞)
　futuro 未来(名詞)

con illa 彼女と共に

murmurar つぶやく、せせらぐ

sonio 夢
　soniar 夢見る
　新たに、再度

supra 上で、上方で

o 又は

nocte 夜

adjectivo 形容詞
(名詞を描写する単語)

correspondente 呼応する

substantivo 名詞
(人、場所又は物)

basse 低い(「高い」の反意語)

発音 : 二つの連続する母音をはっきりと分けて発音するように注意して下さ
い。例えば下記の単語において:「postea, deo, dea, hebree」.

99

EXPLICATIONES 説明

20　強勢の規則第 2：下記の語尾の内の一つを持つ名詞及び形容詞において、強勢は**後ろから 2 番目**の子音（又は子音群）の前の母音にあります：

-le, -ne, -re:	f**a**cile	n**o**mine	t**e**mpore
	簡単な	名前	時間
-ic, -ica, -ico:	t**e**chnic	t**e**chnica	t**e**chnico
	技術的な	技術	技術者
-ide, **-ido:**	t**i**mide		**a**cido
	臆病な、恥かしがりやの		酸
-ime	**u**ltime		
	最後の、最終的な		
-ula, -ulo:	r**e**gula	**a**ngulo	
	ルール	角度、角	

これらの 5 つのグループの語尾を暗記するように努め、新出語の発音の手助けとなるようにして下さい。

複数語尾**-s** は強勢の規則に影響しません：**te**mpores（複数の時間）は **te**mpore（時間）と同じ箇所に強勢が置かれます。

Lection 8　第 8 課

LISTA DE VOCABULOS 単語表

effortio [エフォールツィオ] 努力

concentrar 集中させる

continuar 続ける、続く

solo, solmente だけ(副詞)

omne 全ての(形容詞)

dividite 分割された

consister de ～で成り立つ

hora 時間

cata 各(形容詞)

il ha 有る

secunda 秒(名詞)

tamben(又は **etiam** 又は **anque**)
　～も、やはり

benque [ベーンケ] ～ではあるが

periodo [ペリーオド] 期間

curte 短い(形容詞)

　plus curte より短い

　le plus curte 最も短い

　breve 手短な

mesura [メスーラ] 測定、対策(名詞)

practic 実践上便利な

on 人は／が、人々一般は／が
(不定人称代名詞)

attender 待つ、侍る

alcuno（任意の）誰かは／が／を
(不定人称代名詞)

　alcuna 誰か女性、任意の女性

longissime [ロンギッシメ] 極めて長い

opposito 反対側の者／物
(強勢に注意)

numero 番号(名詞)

Que hora es il? 何時ですか？

ante ～の前で／に／の
(時間的及び地理的に)

　post ～の後／裏で／に／の

quarto [クワールト] 15 分

medie 半分

arrivar 到着する

　partir 出発する

traino [トラーイノ] 列車

del vespere 夕方に

del postmeridie 午後に
(ラテン語: *"a.m." = ante meridiem,
"p.m." = post meridiem*)

heri 昨日

deman 明日

EXPLICATIONES 説明

21　受動態は「esser ＋ 過去分詞」という風に英語と同じパターンに従います。例:

Le libro **es comprate** per multes. その本は多くの人に買われる。

　　　esseva comprate　　　（以前に）買われた／ていた

　　　ha essite comprate　　（現在までに）買われている

　　　essera comprate　　　　　買われるだろう

101

複数の言語を沢山学んだことがない人は これらの受動態の構造を練習する必要があるでしょう。しかしながら、文章を書いたり、翻訳したりする時に受動態は一般的に母国語の話者にとってもより単純で、より論理的な語順を持つ能動態より理解し難い点は注目に値します:

Multe personas compra le libro.　多くの人がその本を買う。
        comprava　　　　　　　　（以前に）買った
        ha comprate　　　　（現在までに）買ってある
        comprara　　　　　　　　　　買うであろう

EXERCITIOS 練習

訳して下さい:
1. その本はその医師により書かれてある。
2. それらの本は彼により書かれた。
3. その本はその教授により更に前に書かれてあった。
4. その手紙 (**lettera**)はその秘書により書かれるであろうか？
  （男性秘書 **secretario** 又は女性秘書 **secretaria**）
5. そのプログラムはその議長(**presidente**)により終結(**finir**)された。

22　比較を表すには比較級が **plus**「より」を形容詞及び副詞の原級に追記することで作られます。最上級はその代わりに **le plus**「最も」を使用することで作られます。例:

    grande　　**plus grande**　　**le plus grande**
    大きい　　　より大きい　　　最も大きい

比較級及び最上級はこのようにあらゆる形容詞又は副詞から形成され得ますが、幾つかの不規則形も存在します。これらの不規則形はラテン語からそのラテン語を借用する近代諸語に生き延びて来た物です。これらは多数存在している訳ではないため下記の表を学ぶことでそのような例外を簡単に習得できます。

102

形容詞	原級	比較級	最上級
良い	bon	plus bon melior	le plus bon le melior le optime
悪い	mal	plus mal pejor	le plus mal le pejor le pessime
大きい	magne	plus magne major	le plus magne le major le maxime
小さい	parve	plus parve minor	le plus parve le minor le minime
副詞			
良く	ben	plus ben melio	le plus ben le melio
悪く	mal	plus mal pejo	le plus mal le pejo

比較級の更なる例:

Nostre auto es *minus* elegante *que* vostre.
「私達の自動車は貴方のより格好良くない」

Lor auto es *le minus* elegante *ex* omnes.
「彼等の自動車は全ての自動車の中で最も格好良くない」

Iste auto es *tanto* elegante *como* le alteres.
「この自動車は他の自動車と同様に格好良い」

"Nos vole vader per un traino rapide." – "Iste traino es rapide, multo rapide, rapidissime!" – "Ben, ma nos vole vader per un traino *plus rapide*, per le traino *le plus rapide* que existe."

「私達は速い列車で行きたいです。「この列車は速い、とても速い、極めて速いです！」「それは結構、でも私達はより速い、世の中に存在する最も速い列車で行きたいです。」

副詞の例:

Le traino va rapidemente. Un avion「飛行機」**vola**「飛ぶ」 *plus rapidemente.* **Un rocchetta**「ロケット」**vola** *le plus rapidemente.*
列車は速く走る。飛行機はより速く飛ぶ。ロケットは最も速く飛ぶ。

23 形容詞に付加された**-issime**（強勢は**-iss-**にある）は「非常に」又は
「極めて」を意味します:

longe	**longissime**	**car**	**carissime**
長い	とても長い	愛しい／高価な	とてもいとしい／高価な

副詞形は**-issimo** です:

ben	**benissimo**	**mal**	**malissimo**
良く	素晴らしく	悪く	最悪に

当然ながら、**-emente** 形の副詞からは**-issimemente** という形も可能
です:

rapidemente	**rapidissimemente**
速く	極めて速く

EXERCITIOS 練習

訳して下さい:

6. ウッラは美しく、ビルギッタはより美しいが、アンナは最も美しい。

7. 名詞は最も重要な単語である。

8. この（**iste**）方法はもう一つの方法より簡単だ。

Lection 9 第9課

LISTA DE VOCABULOS 単語表

matino 朝

accompaniar 同伴する

durante 〜の間（前置詞）

durar 続く、継続する

ordinari [オルディナーリ] 普通の

vita 生命、生活

horologio [ホロローギオ] 時計

eveliator [エヴェリァトール] 目覚まさせ る人／物（の）

eveliar 目覚めさせる

ruito [ルイート] 騒音

terribile [テッリービレ] 恐ろしい

tabula テーブル、表

lecto ベッド

levar se 起きる（再起動詞）

enthusiasmo [エントゥシアースモ] 熱意

104

supponer 想定する
　poner 置く
rasar se 髭をそる（再起動詞）
　rasorio 剃刀
electric 電気の、電動の
　electricitate 電気
brossar（歯等を）ブラシで磨く
　brossa ブラシ
dente 歯
lavar 洗う
camera 部屋
banio 風呂
vestir se 着衣する（再起動詞）
　disvestir 脱衣させる
　vestimento 着物
preparar 準備する
　post haber preparate 準備した後
で

jentaculo 朝食
modeste 質素な
mangiar [マンジャール]食べる
nova ニュース
jornal [ジャルナール]新聞、
定期刊行物（参照：ジャーナリスト）
quotidian [クウォティディアーン] 日常の
（派生源：die ＝日）
postero 郵便配達員
　posta 郵便（局）
apportar 持って行く／来る、もたら
す（ポーター：持って行く人／来る人）
de bon hora 早く、早めに

amar 愛する、好く
dormir 眠る
demandar 質問する、依頼する
matre 母
infante 子供（及び赤子）

一般規則に注意して下さい：最後の子音の前の母音を強調する（ページ 6）。

EXPLICATIONES 説明

24 一つの文章内で、ある動作の目的語が主語と同一の場合（例：「彼は鏡の中で自分自身を見た」）、これは再起人称代名詞 **se** を要求します。

再起形は英語におけるより他の諸語においてありふれています。下記の例に注目して下さい：

Illes *se* **leva**
彼等は起床する
「自ら（の体）を起こす」

Ille *se* **rasa**
彼等は髭を剃る
「自ら（の髭）を剃る」

Illa *se* **vesti**
彼女は服を着る
「自らに服を着せる」

　On *se* **bania**
人が入浴する
「自らを浴びさせる」

再起形は行為者なしの受動概念を表すのにも使用され得ます：

105

Iste libro *se vende* multo ben.
この本はとても良く売れる。

25 語順は色々な関係の中で既に説明されて来ましたが、下記に一覧表を用意しました：

規則	INTERLINGUA	TRADUCTION 翻訳	コメント
1	**Hugo vide le banco.**	フーゴはそのベンチを見る。	通常の語順は「主語・動詞・対格」であり、英語のと同じ。
2	**Hugo *non* vide le banco.**	フーゴはそのベンチを見ない。	副詞「non」はそれが修飾する単語の前に置かれる。
3	**Hugo *lo* vide.**	フーゴはそれを見る。	対格代名詞は（単音節で）短いため、又、既知情報であるために動詞の前に置かれる。
4	**Hugo pote *vider lo*.**	フーゴはそれを見ることができる。	助動詞と主動詞で動詞群を作っている場合、同動詞群の前又は後に置かれる。
5	***Reguarda lo!***	それを見ろ！	命令形の場合、代名詞は動詞の後に置かれる。
6	**Hugo vide le *grande* banco *brun*.**	フーゴはその大きな茶色のベンチを見る。	大部分の形容詞は名詞の後に来る。少数の短い良く知られている形容詞は名詞の前に来る。
7	***Esque* Hugo *vide* le banco?**	フーゴはそのベンチを見るか？	選択疑問助詞は文頭置かれる。

8	*Vide* Hugo le banco?	フーゴはそのベンチを見るか？	疑問点は「vide o non vide」
9	*Esque* Hugo *lo vide*?	フーゴはそのベンチを見るか？	Es Hugo ille qui lo vide? と区別する
10	*Lo vide* Hugo?	フーゴはそれを見るか？	規則 8 の具体名詞対格が代名詞対格に置換された場合
11	**Le libro** *de Hugo*	フーゴの本	被所有物は所有者の前に来る
12	**Ille da su libro** *a* **Julia.**	彼は自分の本をジュリアに上げる。	諸間接目的語は前置詞（"a/de/pro/con/..."）に先行され、標準の語順（動詞の後）に従う。
13	**Ille da su libro** *a illa*		
14	**Ille** *la* **da su libro.**	彼は彼女に自分の本を上げる。	動詞の与格として人称代名詞の短縮形が使用され、規則 3 が適用される。
15	**Ille** *la lo* **da.**	彼は彼女にそれを上げる。	与格と対格の両方が代名詞の場合、前者が後者に先行する。

上記の諸規則は標準です。リズムや表現を考慮することがこれらの規則からの若干の逸脱を許す可能性があります。考慮すべき主要な点は選択された語順から如何なる曖昧さも生じてはならないということです。

EXERCITIOS 練習

翻訳して下さい:
1. 彼がその本を見てしまった時に、彼はそれを買った。
2. 朝、彼は拙く働く、彼が晩に働くよりも拙く。
3. 彼女は彼にその本を上げたかったですか？
4. はい、彼女はそれを彼に上げました。
5. 貴方も新しい何冊かの本を持っていますか？
6. 彼女はそれらを私のために買ってしまった。

Lection 10　第 10 課

LISTA DE VOCABULOS 単語集

travalio, labor [ラボール] 仕事
comenciamento 開始、スタート
universitate [ウニヴェルシターテ] 大学
restar 留まる、滞在する、残る
studiar 学ぶ
libro de medicina 医学書
sempre 常に
nunquam [ヌーンクワム] 決して〜しない
simple 単純な
amusante 楽しい
professor [-sorr] 教授
venir 来る
ab, de 〜から
urbe [oorbeh] 町、市
pronunciar 発音する
　pronunciar un discurso 演説する
volar 飛ぶ
sovente しばしば
appertiner 所属する
un certe ある一つの
parco 公園
puera [プーエラ] 少女 **puero** 少年

de qui その人の
non mesmo でさえない
cognoscer [コグノスツェール] 知っている
"io idiota" 「私は馬鹿だなー」
ascoltar 聞く
usque a [ウースケ ア] 〜まで
lunch, prandio ランチ
mediedie [メディエディーエ] 正午
modic 手頃な
　a precio basse 安い
　car 高価な、親愛なる
ubi どこで／に
soler 習慣的にする
　（普段から、不定詞が後に続く）
　io sole mangiar 私は普段食べる
postmeridie 午後
attender 待つ
demonstration 実演
clinica 医院
hospital 病院
repasto 食事
alora, tunc その時に、その場合
cantar 歌う

EXPLICATIONES 説明

26 関係代名詞 **que** は「それ・は／が／を～所の／という」、「その人を～所の／という」を意味します。例：

Ecce le libro que ille vole.
ここに（それを）彼が欲しがる（という）本がある。

Ecce le dama que io videva heri.
ここに（その人を）私が昨日見た（という）女性がいる。

関係代名詞が当該節の主語である人について言及する場合、**qui** がその代わりに使われる点に注目して下さい（この場合、構文が若干より単純なため「～所の」という訳も自然に聞こえる）。又、**qui** は前置詞句内の人にも使用されます：

Le homine *qui* me videva heri.
　昨日私を見た（所の／という）（その）人

Le puera *a qui* io dava le libro.
　（その少女に）私がその本を上げた（という）その少女

文章の中で更なる明快さが必要とされる場合、**que** と **qui** の両方とも **le qual** 又はその複数形 **le quales** に置き換えられ、二つの先行詞の内の「後者」に言及することになります：

　Le cavallo e le a̱sino, le qual non esseva sellate, curreva a velocitate equal.
　その馬とそのﾛﾊﾞは、後者が鞍付きでなかったのだが、同じ速度で走った。

この例においてはﾛﾊﾞのみが鞍付きではありませんでした。これを下記の文章と比較して下さい：

　Le cavallo e le a̱sino, le quales non esseva sellate, ...
　その馬とそのﾛﾊﾞは、両方とも鞍付きでなかったのだが、...
　（この場合、どちらの動物も鞍付きではありませんでした。）
ここでの **que** の使用は曖昧になったことでしょう。

Cuje は「その」（人又は物を問わず）を意味します：

**Le documentos, cuje importantia esseva dubitose, incriminava
le spia.**

その重要性が怪しかったそれらの書類はそのスパイを有罪に
した。

これは **del qual(es)**、「その人／物の、それら人／物の」で、あ
るいは **de qui**（その人の）又は **de que**（その物の）で置き換え
られ得ます：

Le documentos, de que le importantia esseva dubitose, ...
その重要性が怪しかったそれらの書類は...

Lo que は「～物／事」を表し、且つそれに先行又は追尾する
節全体に言及しています。例：

Lo que on vole, on pote facer.
人が望む事は、人は出来る。

Io non sape lo que illa pensa.
私は彼女が何を考えているのか知らない。

Nos visitava plure museos, lo que esseva multo interessante.
私達は幾つかの博物館を訪れた。このことはとても面白か
った。

貴方はこれらの関係代名詞の規則が複雑だと思われるかも知れ
ませんが、どの文法書を読んでも幾つかの国語の関係代名詞が
が遥かにもっと複雑であることを示しています。.

Lection 11　第 11 課

LISTA DE VOCABULOS 単語表

moneta, pecunia 金銭
comprarea 買うであろう
　（参照：注記 27）
automobile 自動車
inusual [inoosooal] 珍しい
dur 硬い
　molle 柔らかい
nostre 私達の（参照：注記 28）

bicyclo 自転車
　bicyclar 自転車で行く
via [ヴィーア] 道、～経由で
pesante 重い
　leve 軽い
vetere 古い、年老いた（参照：ベテラ
ン＝経験富かな（人））
tal そのような

in tal caso そんな場合に
donarea 与えるであろう
  dono 贈物
  donar 与える、寄贈する
  dar 与える、手渡す
mi 私の（参照：注記 28）
fratre 兄弟
lamentar 嘆く
le sue [soo-eh] 彼の／彼女の物
（注記 28）
si … que 余り～なので
mal bad 悪い
quasi 殆ど
inusabile 使用できない
besonio 必要
  besoniar ～を必要とする
viage [ヴィアージェ] 旅行
  viagiar 旅行する
autobus [アウトブース] バス

il face mal tempore 天気が悪い
sentir se 自分（の具合）を～と感じる
justo 丁度
usate 使用中／済みの、中古の
costar （経費／労力等が）掛かる
probabile 充分想定可能な
sufficerea 多分充分であろう
inevitabile 不可避の
evitar 避ける
exiger [エクシゲール] 要求する
reparation 修理
camerada 女性の同志
posseder 所有する、（悪魔等が）取り付く
incredibile 信じられない
  creder 信じる
nove 新しい

二個の連続母音を明瞭に発音するのを忘れないで下さい。例えば下記のような単語において：「auto」、「donarea」、「euro」、「traino」（これらの例においては IPA [a+u], [e+a], [e+u], [a+i]のように組み合わせた滑り二重母音）
　各単一母音は常に純粋な母音として発音されます。

EXPLICATIONES 説明

27　**Ille comprarea un auto si ille habeva moneta.**
　　彼はお金を持っていたなら一台の自動車を買うでしょう。

条件法はあらゆる動詞の不定形に**-ea** を追加するだけで簡単に形成されます。この法はある行動に対して一つの条件（もし...）が存在することを普通示しますが、これは間接話法にも（英語の場合と同様に）使用され、文章が「過去において未来形で」述べられたことを示します。

下記を比較して下さい：
　　Ille diceva: "Io *prendera* un altere traino". （直接話法）

111

彼は言った：「私はもう一つ別の列車に乗ることにする」。
Ille diceva *que* **ille** *prenderea* **un altere traino.** （間接話法）
彼はもう一つ別の列車にのることにすると言った。

28 所有形容詞は**-e** で終わる長形を持ち、これらは英語の場合と同様に名詞の後又は代わりに使用されます。

Ecce un auto! 「ほらここに一台の車がある！」
Illo es mi auto.「それは僕の車だ。」
Illo es *le mie.* 「それは僕のだ」

Illo es tu auto.	**Illo es** *le tue.* 「君の物」（親称形）
Illo es su auto.	**Illo es** *le sue.* 「彼／彼女の物」
Illo es nostre auto.	**Illo es** *le nostre.*「私達の物」
Illo es vostre auto.	**Illo es** *le vostre.*「貴方／貴方達／君達の物」
Illo es lor auto.	**Illo es** *le lore.* 「彼等の物」

Nostre autos es plus elegante que le lores.
私達の自動車は皆彼等のより格好良い。

所有代名詞は名詞のように働くため複数形で**-s** 語尾を取り、又、性別を示すことが重要な場合、男性名詞には**-o**、女性名詞には**-a** さえ取ります：

Ille labora nocte e die pro le suos.
（つまり、自分の配下の男性達／息子達、**le suas** は自分の配下の女性達／娘達）のために彼は昼夜兼行で働く。

第 5 課では既に「自分自身の」と「誰か別人の」の区別をどのうようにするのか学びました：

Ille lege su libro.	**Ille lege su libro de illa.**
彼は自分の本を読む。	彼は彼女の本を読む。
（又は別な方法として	**"Ille lege** *le* **libro de illa."**

Word formation 単語の形成

29 今までに既にインテルリングア語の文法の大部分を論じて来たので本コースの以下の各課は「単語の形成」という面白く且つためになる話題に集中します。これはほぼ全ての欧州言語の研究の中で実践的に役立つという意味で重要な事柄です。（例えば、スラブ語でさえも多数の

112

ラテン起源の単語を持っています。）

この意味においても、（英語を含め）西洋言語への鍵としてインテルリングア語を学ぶ人達にはアフリカやアジアにおいて経済を発展させる上で相当の利点があります。彼等はインテルリングア語から西洋の科学技術的な専門用語に慣れ親しむための言語学習上のツールを得ます。（ご覧になられた通り、インテルリングア語における多数の語彙は英語のそれと同じですが、文法、綴り及び発音は有り難いことに遥かにより単純であり、このことは学習過程を加速させてくれます。）私達の文化の内の何であれ、それを記憶に留めたいか留めたくないかに拘わらず、西洋言語に慣れ親しむことはある相当期間に亘り彼等の経済的発展に向けて不可欠な助力となることでしょう。

私達が日常会話の中で「単語」と読んでいる物はしばしば更に小さな部分に分割することができます。ある特定の意味を持つ各部分は「形態素」と呼ばれています。従って、"illegalities"という単語は 5 個の形態素から成り立っています：/il-leg-al-itie-s/（又は、インテルリグア語では：**/il-leg-al-itate-s/**）。基本的な形態素は語根形態素/leg/であり、「法律」を意味しまし、その周りに幾つかの接頭辞や接尾辞が群がっています。接頭辞は語根の**前に**、接尾辞は語根の**裏に**「接続」されています（古典ラテン語から：*'prae'* = 〜の前; *'sub'* = 〜の下／裏）。接辞は接頭辞と接尾辞の両方を含む包括語です。

同化（「**ad**」= 〜に向けて、「**simile**」= 似ている）とは一つの音節の最終子音が後続音声の先頭子音に影響され、後者に部分的に又は完全に類似するようになる過程のことです。"Assimilation"という単語自体にもそれは見られます。この単語においては、古典ラテン語の「**ad-simil-**」が近代言語で「**assimil-**」になったのです。

もう一つの例は接頭辞 **in-**（"un-"又は"in-"を意味する）です：
　下記の表を参照して下さい：

接頭辞	同化後	後続音節の 先頭子音	例
in-	il-		**illeg<u>a</u>l** **illeg<u>i</u>bile**
		-b	**imboscar** 待ち伏せる **immatur**
	im-	-m -p	**impati<u>e</u>nte** **imposs<u>i</u>bile**
	ir-	-r	**irrational** **irrefut<u>a</u>bile** **irregul<u>a</u>r**
さもなければ、**in-** はそのまま留められる			**incap<u>a</u>bile** **indiscrete** **inusu<u>a</u>l**

「中」を意味する接頭辞の例：**invader**「中に入る」; **involver**「巻き込む」及び **imbraciar**「自分の腕の中に入れる」（**bracio** = 腕）。

EXERCITIOS 練習
反意語を述べて下さい：
　　1. **<u>u</u>tile**（役立つ）
　　2. **prob<u>a</u>bile**（充分想定される）
　　3. **tolerante**（忍耐強い）
　　4. **just<u>i</u>tia**（正義）
　　5. **repar<u>a</u>bile**（修理可能な）

30   接尾辞**-bile** は英語の-ible, -able に相当します。下記の例を参照して下さい:

audir	聞く	*audibile*	聞こえる
cantar	歌う	*cantabile*	歌い易い
honorar	尊敬する	*honorabile*	尊敬に値する

貴方が幾つかの高水準の英単語の意味や綴りを理解する上でインテルリングア語が如何に手伝ってくれるか注目して下さい。貴方が学んで単語の構成要素を確認できるようになるにつれて貴方はこのことを発見することでしょう。

Lection 12　第 12 課

LISTA DE VOCABULOS 単語表

synopse 概要
forma 形
verbal [verr-b<u>a</u>l] 動詞の
cantar 歌う
　canto 歌
　canta|t|or 歌手
　canta|t|rice 女性歌手
amar t 好く、愛する
confort<u>a</u>bile 快適な
　sedia confortabile 肘掛け椅子
m<u>u</u>sica 音楽
suffrer ～に苦しむ、～を蒙る
audir [ah-ood<u>ee</u>rr] 聞く
　audi|bile 聞こえる
inferno 地獄
　infern|al 地獄のような

terr<u>i</u>bile 恐ろしい、怖い
como...! エー、何だって？
sono 音
benque ～にも拘わらず
probar 試みる
coperir 覆う、取り扱う
aure [<u>ah</u>-ooreh] 耳
mano 手
marito 夫
　marita 妻
imperativo 命令法
tono 音調、(長短の)調
conditional [-dee-tseeon<u>a</u>l] 条件付きの
constante 一定の
interruption 中断

EXPLICATIONES 説明

31 **Le cantar** =「歌うこと」。定冠詞 **le**（あるいは、場合により、不定冠詞 **un** 又は複数語尾**-s**）を用いることで、不定詞は名詞として使用できます。例：

> **Le *susurrar* del motor...**
> エンジンの唸り...

> **Iste *viagiar* de un pais al altere es fatigante.**
> 国から国へのこの旅行（すること）は疲れる。

> **le *deberes***　（「**deber** ＝ 負う、〜なければならない」から）
> 所定の諸々の義務／諸々の宿題

この時点で全ての動詞の形（通常あらゆる文法の中で最も困難な部分）はこれで説明し終わりました。

Lection 13　第 13 課

LISTA DE VOCABULOS 単語表

rosa バラ
brun 茶色の
dar 与える
essayo [ess<u>a</u>h-] 随筆、試み
parte 部分
ex<u>a</u>min|e 試験
　examin|ar 試験する
　examin|ation 試験
　examin|ator 試験官
　examin|ando 受験者
de facto 事実（副詞）
un vice 一度
antea [<u>a</u>nteh-ah] 以前に、前に
plus tosto 寧ろ、より早く

jardin 庭園
　jardin|ero 庭師
invitar 招待する
ille あの
v<u>i</u>sita 訪問
passante 通りながら
ros|iero バラの茂み
cultivar 栽培する、育てる
　cultiv|ator 育成家
amator 愛好家、アマチュア
communicar 意志の疎通を行う
congresso 大会、会議
ir, vader 行く
　ir<u>e</u>a vider 見に行こうとしている

116

sequente 連続の、後続の

occurrer 生じる、発生する

  occurrentia 発生、出来事

celebration 祝い事（の挙行）、パーティー

  celebrar 祝う

allegre 嬉しい、楽しい、愉快な

inspirar 鼓舞する、霊感を与える

ancora 未だ

rar 稀な、例外的な

car 親愛なる、高価な

estimar 尊敬する、見積もる

silente [seelenteh] 静かな

  silentio 沈黙

clar 明白な

estive [esteeveh] 夏の

  estate [estateh] 夏

gruppo グループ

marchar [-sh-] 行進する

secreto 秘密

  secrete 秘密の

pinger [-gherr] 塗る

color 色

diverse 多種の、色々な

verde 緑の

jalne 黄色の

ambe 両方の

latere 側

  bilateral 両者／両国間の

  multilateral 多面的な

entrata 入口

dis|agradabile 不愉快な、不快な

re|venir 戻る、帰る

facer sonar 鳴らす

campana ベル

aperir 開ける

porta ドア

ex|primer 表現する

idea [eedeh-ah] アイデア

parola 言葉

creder 信じる

EXPLICATIONES 説明

32　**Ille**「あれ」は話者から比較的離れた所にある何かを指します；
iste「これ」は話者に比較的近い何かを指します：

Iste auto es plus grande que ille auto.
この車はあの車より大きい。

33　**-iero** は茂みや樹木を表します。例：

rosa	バラ	*ros|iero*	バラの茂み
pomo	林檎	*pom|iero*	林檎の木
pira	梨	*pir|iero*	梨の木
persica	桃	*persich|iero**	桃の木

（*「k」の音を維持するために「h」が挿入されている点に注目）

Lection 14 第14課

LISTA DE VOCABULOS 単語表

d<u>u</u>bita 疑い
comprender 理解する
lector [-t<u>o</u>rr] 読者
  leger 読む
surprisa [soorr-pr<u>ee</u>sah] 驚き
  sur|prender 驚かす
facie [f<u>a</u>tsee-eh] 顔
rubie 赤い（参照：ルビー）
j<u>u</u>vena 若い女性
notar 気付く、注目する
satis|faction 満足
s<u>u</u>bite 突然の
  s<u>u</u>bito 突然に
re|cognoscer 認識する
sym|p<u>ath</u>|ic 感じの良い、素敵な
mute 唖の、無口な、無音の
como 〜の如き／如く、いかに
pisce [p<u>ee</u>s-tseh] 魚
certo 確かに
estranie 奇妙な、外国の
  estrani|ero 外国人、外国
osar 敢えてする
fluer 流れる
  fluentemente 流暢に
ipse, mesme （彼／彼女／私
...）自身
contente 満足している
re|vider 再見／再会する；見直す、
  改定する

volere<u>a</u> 〜したいのだが
entrar 入る
momento 瞬間、時点
per favor どうぞ、どうか
（文字通りは：「好意として」）
cercar 探す、捜し求める
  ir a cercar 取りに／迎えに行く
dis|parer 消える
admirar 賞賛する
plancas 板、本棚
plenar 満たす
solo 床面、土壌、土
tecto 天井、屋根
cuje [k<u>oo</u>jeh] その物の／人の
（関係形容詞）
dorso 背中
impressionar 印象付ける
ver 真実の、本当の
obra 仕事、作品
arte 芸術
mente 心、精神
formar 形成する
phrase 句、文章
pro|poner 提案する
pro|ducer 生産する、引き起こす
rider 笑う
plorar 泣く

EXPLICATIONES 説明

34 **-nte**(**-ir** 動詞の場合、**-ente**)は現在形に付加し、形容詞を形成することがきます。これは「現在分詞」として知られています。英語ではこれらの形容詞は"-ing"で終わります。

「**Textos 本文**」中の第 14 課の末尾にある例（**Phrases structural 構文**）を参照して下さい。

EXERCITIOS 練習

翻訳して下さい：
    1. 一人の苦しんでいる男。
    2. 一つの驚くべき質問。
    3. ドアを開けると同時に彼女はその若い男を見た。
    4. 見知らぬ人に話し掛ける時に彼は失礼ではなかった。
    （慇懃：polite）

35 **Le facie *de* mi soror e *le de* mi patre.**
「私の姉（又は妹）の顔と私の父のそれ」

二番目の所有形の前で主名詞 (**facie**)を繰り返す代わりに指示代名詞（**ille**）又はその省略形 (**le**) で充分です。なぜならこの冠詞は名詞の代わりをしてくれるからです。それは名詞の諸特性を帯びることができます：男性、女性及び中性の名詞の色々な形状について必要な場合には複数語尾が付きます。

Le fratres de Petro e (il)les de Paulo.
ペトロの兄弟達とパウロのそれら

Le sorores de Petro e (il)las de Paulo.
ペトロの姉妹達とパウロのそれら

Le autos de Petro e (il)los de Paulo.
ペトロの複数の車とパウロのそれら

曖昧さがない場合、これらの例の全てが ***les* de Paulo** に置き換えることができます。.

36 **-o/-a**。「**-o**」で終わる単語が男性名詞を指す場合、女性の同類語は「**-a**」で終わると一般的に想定できます。しかしながら、性別が重要な

119

概念について Interlingua は（英語と同様に）それぞれに対して特別な語を持ちます。例えば：

patre – matre	**homine – femina**	**tauro – vacca**
父 – 母	男 – 女	牡牛 – 牝牛

貴方の子供が息子なのか又は娘なのか、あるいは貴方のペットが雄なのか又は雌なのかはさほど重要でないと看做され得ます。従って：

filio – filia	**cosino – cosina**	**catto – catta**
息子 – 娘	従兄弟 – 従姉妹	雄猫 – 雌猫

37 語尾 **-ero/-era** は何かと関連して働いているか又は何かにより特徴付けられているそれぞれ男と女を指します：

jardin|ero	**libr|ero**	**estrani|e – estrani|ero**
庭師	書籍販売人	見知らぬ – 見知らぬ人、外国人

post|a – post|ero	**banc|a – banch|era**
郵便局 – 郵便局員	銀行 – 銀行家、銀行の女性出納係

38 語尾 **-eria** はある職業の営業所又は職業その物を指します：
jardin|eria = 造園業
Sr. Smith, le librero, es le possessor (= owner) **de un grande libreria.**
本屋であるスミス氏は一件の大きな本屋の所有者である。

Lection 15　第 15 課

LISTA DE VOCABULOS 単語表

occupate 忙しい、占拠された
precar (...) 祈る、懇願する
placer 喜び、喜ばす（参照：注記31）
momento 瞬間、時点
　moment|etto ほんの一瞬
hesitar 躊躇する

accent|o 強勢、アクセント
　accent|u|ar 強勢を置く、強調する
forsan 多分
un poco 少し
forte 強い、強く
demandar 尋ねる、要求する
mult|itude [-toodeh] 多量、群集

de ubi どこから

pais [pah-ees] 国

non mesmo 〜でさえない

oblid|o 忘却
  oblid|ar 忘れる

vostre 貴方／貴方達の

celar 隠す、秘匿する

voluntarie 快く

narrar 物語る

scientias social 社会学

amabile 愛想の良い、好ましい、優しい（参照：30）

assecurar 確信させる、確保する

trovar 発見する
  trovar ... agradabile
  〜が感じ良いのに気付く

toto 全て

flor 花

meravilia 驚異、不思議
  meravili|ose [-oseh] 驚異的な

mention 言及
  mentionar 〜に言及する

hastar 急ぐ

cambiar de （別のと）取り替える

cambiar 〜に取って代わる、〜と交換する

quiete [kwee-etteh] 静かな、落ち着いた
  in|quiete 不安な

escappar 脱出する

occasion 機会、理由（注記：evenimento 行事、事象）

pro|poner 提案する

de accordo OK、同意

avantage [-ajeh] 利点

idioma [-omah] 特定の地域又は民族に特有な言語

commun 一般的な、共通の

passo 歩み、ペース

vicin 近所の、近辺の
  vicino 隣人

sufficer 充分である、足りる
  suffic|iente 充分な

finir 終わす、終える

lo essential 本質的な物

proxime 次の、極めて近くの

venir cercar 取りに／迎えに来る

hic ここで／に

EXPLICATIONES 説明

39 -etto/-etta は（何か小さな物を指す）指小辞であり、又、愛しい気持ちを表す意味でも使用され、通常の形は -etto です。女性又は -a で終わる語尾を示す単語の場合、語尾は -etta です。例：

statua	像	furca	熊手
statuetta	小像	furchetta	フォーク

pacco	大包み／パッケージ、パック
pacchetto	小包／パッケージ

121

-ette は形容詞に付加されて「かなり」又は「若干」を表します。例:

    belle 　　美しい

    bellette 　可愛い

自分の形容詞 + **-ette** の例を探し、日本語に訳して下さい！

40　**Lo essential** 　は **illo que es essential** の短縮形と看做し得ます（「本質的である物」が「重要物」に短縮）。この場合、形容詞 **essential** は名詞として使用されています。下記の例を考察して下さい:

le bon, le mal e le fede

（つまり、良い物／者、悪い物／者及び醜い物／者）

これは抽象概念でも生じます。例:

    lo belle 　美しさ

    lo ver 　　真実性

    lo bon 　　優良性

Lection 16　第 16 課

LISTA DE VOCABULOS 単語表

familia 家族

habitar /in/ ～に住む

lontan 遠い

universitari 大学の

parentes 両親、親戚

libere 自由な、空いている

consister de ～で構成されている

patre 父

ferro|via 鉄道

  ferrovi|ero 鉄道員

  （参照:注記 37）

  ferro 鉄

non multo 余り／さほど～でない

ric [reek] 豊かな

  richessa [reekessah] 財宝

proprie 自身の

casa 家

matre 母

le melior = le plus bon 最良の物／者

mundo 世界

  mundial 世界中の

soror 姉／妹

excepte ～を除き

  exception 例外

infante 子供

filio 息子
  filia 娘
  filial 息子／娘の
  interprisa filial 支社
bastante 充分な／に
  bastar 充分である
maritar se 結婚する
  maritage [-ジェ] 結婚
  marito 夫
  marita 妻
fratre affin 義理の兄／弟
  affin 関係を持つ、類似する
  affinitate 親和性、関係
(ap)parer 現れる
expectar 期待する
  in|expectate 予想外の
foco 火
  focar 囲炉裏端
reproch|e [-シェ] 非難
  reproch|ar (レプロシャール) 非難する
annunciar 告げる、知らせる
in avantia 事前に
haberea potite 出来たであろう

cocer 料理する、焼く
  cocina 台所
(a) te 君に
platto 皿、料理
favorir 贔屓（ひいき）する
  favor|ite 好みの
regina [レギーナ] 女王
  rege [レーゲ] 王
domo 家
adder 追加する
joc|o 冗談、ゲーム
  joc|ar 遊ぶ、賭博する、演技する
sufflo 囁（つぶや）き、息
  sufflar 囁く、吹く
theatral [テアトラール] 演劇の
comparar 比較する
le mangiar 食物（参照：注目 31）
distantia 距離
natal 生誕の
  Natal クリスマス
quante [クワーンテ] どれほど多くの
persona 人
il ha ある

EXPLICATIONES 説明

41 -al（時には-ial）は国際語彙において名詞から形容詞を形成するための最も一般的な語尾です。名詞に付加されると、それは名詞「の特性を持つ」又は「に属する」を意味します。例：

cultura「文化」　　cultur|al「文化的な」
nation「国家」　　nation|al「国家的な」
corde「心」　　cord|ial「心からの」

-al を付加する前にあらゆる最終母音が除去される点に注目して下さい：

loco「場所」　　loc|al「地方の、局所の」
tempore「時間」　　tempor|al「時間的な」
lege「法律」　　leg|al「法律的な、合法的な」

123

ある単語が-lを含む場合、-ar が一般的に使用されます:

    familia「家族」   **famili|al**「家族的な」

                                 famili|ar「親しい、馴染みのある」

    regula「規則」   **regul|ar**「規則的な、常備の」

-ari はもう一つの接尾辞ですが、この語尾からは余り多くの単語が作られていません。例:

    revolution   **revolution|ari**「革命的な」

    legenda   **legend|ari**「伝説的な」

-in(〜に由来する)は僅かの数の単語、特に科学用語に発生します。例:

    femina「女性」   **femin|in**「女性の、女性のような」

    mar「海」   **mar|in**「海の、海洋の」

-il は非常に稀に発生します。例:

    viro「男性」   **vir|il**「男性の、男性的な」

    puero「少年」   **puer|il**「未熟な、少年のような」

    infante「子供」   **infant|il**「子供っぽい、幼児の」

    cive「市民」   **civ|il**「市民の、民間の」

-ic は主にギリシャ語に発生します。この語尾は(他の全ての語尾と異なり)強勢がないことに注目して下さい。これは英語の場合と同様です(参照:注記 20)。例:

    geographia   **geograph|ic**「地理的な」

    systema   **systemat|ic**「体系的な」

    logica   **log|ic**「論理的な」

    enthusiasmo   **enthusiast|ic**「熱心な」

-ose「〜で一杯の、〜に富む」は英語の「-ous」又は「-ful」と同じです。例:

    dubita「疑惑」   **dubit|ose**「疑り深い、怪しい」

    dolor「痛み、苦しみ」   **dolor|ose**「痛い」

    periculo「危険」   **pericul|ose**「危険な」

名詞から形容詞を形成するのに意味に僅かの差しかない 6 個又は 7 個の異なる語尾を持つのは面倒ではありませんか？実際にはそれは特別な問題ではありません。なぜならば、これらの形は一般的に英語の場合と同じだからです。貴方は既に英語で正しい形を使用している時に「**feminal**」とか「**regulin**」とか言い誤りそうにはありません。インテルリングア語がこれほど多くの形容詞形を使う理由は極めて単純にインテルリングア語が今日では多数の言語の中に存在する一般的に良く知られている国際語彙を記録して作ったことにあります。ラテン語に基盤を置く母国語（この文脈内では英語も含む）を持つ人なら誰でもこれらの馴染みのある語尾には如何なる問題もありません；何等かの別の母国語を持つ人々はこれらの語尾をより多く学ばねばなりませんが、彼等は最大勢力の欧州諸語の文献を理解するのに彼等の手助けとなってくれる豊かな語彙を獲得します。

それでは下記の練習において自分で名詞から形容詞を作り出すよう試みて下さい。注記：ｷﾞﾘｼｬ語の単語は **ph**, **th**, **rh** 及び **y** を含む単語として認識できます。.

EXERCITIOS 練習

下記のインテルリングア語の名詞から形容詞を作り出して下さい：

1. region
2. addition
3. vita
4. natura
5. mundo（-i-を挿入）
6. telephono
7. cyclo
8. mercante
9. fragmento

Lection 17 第 17 課

LISTA DE VOCABULOS 単語表

prender 取る
gran|patre 祖父
campania 田舎、キャンペイン
 campo 野原、分野(*"camping"* =
野営)
posseder 所有する
san 健康な
 malade 病気の
malgrado ～にも拘わらず
etate 年齢
ferma 農場
village [-ジェ] 村
terra 土、地球
soler 習慣的に行う
(下記の説明参照)
pro|vocar 挑発する
nepote [neppoteh] 孫
 gran|filio 孫息子
in|ducer 誘導する
discuter 討論する
 discussion 討論
a vices [ヴィーツェス] 時々
puncto de vista 観点
generation [ゲ-] 世代
man|tener 主張する、維持する
opinion [オピニオーン] 意見
 opinar 意見を持つ
plen いっぱいの
humano 人間

human 人間の
tanto ... como ～と同様に
com|patriotas 同国人
 patria 祖国
amar se ben 互いに良く愛する
cordial 心からの
 corde 心、心臓
ben|venite 歓迎されている
oculo 目
seriose 真剣な
parer 見える、思える
naturalmente 当然、勿論
fede 醜い
rider 笑う
 riso 笑い
ex|plicar 説明する
la ha date 彼女に与えた
 io le da 私は彼に与える(参照:注
記25)
nota 得点;メモ;勘定
ap|probation 承認
lo mesme 同じこと
universo 宇宙

verbo 動詞
texto 本文
exemplo 例
geographic [gheo-] 地理的な
usque nunc 今までに

126

EXPLICATIONES　説明
「soler」に関する注記：

英語では「繰り返される」か又は「規則正しい」行動は副詞（「usually」、「generally」又は「always」）で表し、これに関係する時制にある動詞を後置します。多くの他の言語では助動詞が私達の副詞の代わりに使用されます。時制は常に不定詞の状態にある主動詞の代わりにこの助動詞に当てられます。インテルリングア語ではこの助動詞は **soler** です。例：

ille sole dicer	彼はいつも言っている
illa sole baniar se	彼女は常に入浴する
illes soleva dansar	彼等は普段から踊っていた

42　-ion, -ura, -or, -ori, -ive

上記の接尾辞は動詞から名詞や形容詞を形成します。動詞語幹は下記のように変えられます：

-ar は常に	**-at:**	**cre|ar**	*cre|at|ion*「創造」
-ir は常に	**-it:**	**pol|ir**	*pol|it|ura*「　磨く」
-er はしばしば	**-it:**	**add|er**	*add|it|ion*「追加」
-er は場合により	**-t:**	**scrib|er**	*scrip|t|e*「書かれた」
-er は場合により	**-s:**	**explod|er**	*explo|s|ive*「爆発性の」

インテルリングア語を実践使用するには、私達は上記の最初の 3 行が広範囲に渡る大部分の動詞の派生語幹又は「代替」語幹の通常形であることを知るだけで良いのです。（最後の 2 行を含む）不規則な派生の場合、使用すべき語幹は辞書の中では標準（現在）語幹の後に印刷されていることでしょう。（例：**solver, solut-** = 解決する。この時、語幹 **solut-** はインテルリングア語における *solution* という単語を形成するのに使用されています。）理論的説明に興味がない場合、今は前に飛ばして下記の「接尾辞の意味」に進んでも構いません。

国際語彙において動詞から名詞や形容詞を如何にして導くべきかという魅力的な疑問を答えたい人達は単にラテン語を一瞥しさえすれば良いです。このラテン語においては、**supinum**「スピーヌム」と呼ばれる動詞の一つの形が派生語の語幹を与えていました。例えば、動詞 **scribere**「書く」はスピーヌム形 **scriptum**「書くべく」を持っていました。この後者からはラテン語の **scriptio**

「書くこと」、**scriptor**「作家」、**scriptura**「書き物、作文」が作り出されました。従ってラテン語を習う中で人はスピーヌムをあらゆる動詞の本質的又は主要な部分として習います。例えば：

一人称単数現在「私は走る」
一人称単数完了「私は走った」
不定詞　　　　　「走ること」

規則動詞はこの重要な枠組みを持っていました：

人称変化	一人称単数（現在）	一人称単数（完了）	スピーヌム	不定詞	意味
I	voc|o	voc|avi	voc|at|um	voc|are	呼ぶ
II	mon|eo	mon|ui	mon|it|um	mon|ere	警告する
III	reg|o	rexi (reg|s|i)	rec|t|um (reg|t|um)	reg|ere	支配する
IV	aud|io	aud|ivi	aud|it|um	aud|ire	聞く

ラテン語の動詞の人称変化第二型及び第三型（両方の不定詞とも**-ere**で終わる）はインテルリングア語では**-er**で終わる不定詞語尾の単一グループに組み合わせられています。もう一つの簡素化は**-er, -ar**又は**-ir**の内のいずれであれ、全ての動詞が同じ方法でそれらの各時制を形成しており、僅かの例外したないということです。

幾つかの派生語が不定詞（の短縮形）から、又、他の幾つかは上記の「代替」語幹（人称変化第Ⅲ型又は不規則動詞）から、派生したという事実はさほど難しくはないです。なぜならば、両語幹とも主要な欧州諸語の中で通常馴染みがあるからです。例えば、**discuter**「議論する」は「代替」語幹**discuss-**を使用し、多数の言語の中で **discussion** という単語を与えています。現在語幹と派生語との間の異例はしばしば現在語幹の最終子音の同化により説明できます。例えば、**scrib\|-** が **scrip\|-**になる時です（なぜならば有声の/b/は無声の/t/の前では無声の同類として発音されなければならないからです。）同様に regere における reg\|- は rectitude の中では rec\|-になります。なぜならば「regtitude」と言うのは（つまり、有声音の/g/の後に無声音の/t/が来るのは）やり難いからです 。そのため/g/の代わりに無声音の同類/k/に差し替えられているのです。完全同化が派生語において発生しています。例えば **vid\|ere → vid-s-ion → vi\|s\|ion** のようにです。ここでは/d/は完全に脱落しています（参照：注記 29）。

128

接尾辞の意味

-ion =「行為」又は「行為の結果」

voc|ar 呼ぶ	*voc|at|ion* 天職
distribu|er 分配する	*distribu|t|ion* 配布
defin|ir 定義する	*defin|it|ion* 定義

-ura =「〜する行為の結果」（普通は具体的結果）

sign|ar 署名する	*sign|at|ura* 署名
misc|er 混ぜる	*mix|t|ura* 混合物
aper|ir 明ける	*aper|t|ura* 隙間、開口部

-or =「〜する人、装置又は機械」

cre|ar 創造する	*cre|at|or* 創造者
intro|duc|er 導入する	*intro|duc|t|or* 導入者
tele|vid|er テレビ放送する	*tele|vi|s|or* テレビ

-ori = "-ory"（形容詞）

pro|vid|er 供給する	*pro|vi|s|ori* 暫定的な
trans|ir 横切る、通過する	*trans|it|ori* 一過性の、暫定的な

-orio = "-ory"（〜する場所）

observ|ar 観測する	*observ|at|orio* 観測所

-ive = "-ive"（形容詞）

af|firm|ar 肯定する	*af|firm|at|ive* 肯定的な
defend|er 防衛する	*defen|s|ive* 防衛的な
ag|gred|er 攻撃する	*ag|gres|s|ive* 攻撃的な

Lection 18　第 18 課

LISTA DE VOCABULOS 単語表

magazin 店、雑誌
telephono [テレッフォノ] 電話
　telephonar 電話する
vocar 呼ぶ
comprar 買う
compania 同伴（者）
　tener compania a un persona
　ある人のお供をする
como 〜のような／に
port|at|or ポーター
ipse, mesme 自身
　tu ipse 君自身
sempre いつも
fornir 供給する
merc|e 商品
　merc|ato 市場
　merc|ato nigre 闇市場
　merc|ante 商人、貿易業者
　merc|antil 商業の
　a bon merc|ato 安い
precio [pretsee-o] 価格
　a precio alte 高価な
de|parti|mento デパート
vend|er 売る
　vend|it|or ベンダー、販売人
　vend|it|rice 女性の販売人
vestimento 衣類
cappello 帽子
scarpa 靴
calc|ea [カルツェア] ストッキング、タイツ
　calc|etta [カルツェッタ] 靴下
camisa シャツ、ブラウス、シュミーズ
roba ドレス、着物
　guarda|roba [グワル-] 洋服ダンス

guarda|costas 沿岸警備隊
tabula a vender カウンター
sur|riso 微笑み
　sur|rider 微笑む（「sub|rider」から）
affabile 愛想の良い、優しい
　（説明参照）
desir|ar 切望する、熱望する
　desir|o 切望、熱望
par 一対
guanto 手袋
pre|ferer より好む
non ... ulle, n|ulle 如何なる物も〜でない、全く〜でない
monstrar 示す
signo [シーグノ] サイン
im|patient|ia 性急
extra|ordin|ari 特別の／臨時の
　（参照：注記 43）
fin|al 最終的な
　fin|al|mente 最終的に、やっと
con|venir 都合が良い、その場に合う（文字通りは「一緒に来る」）
boteca 店
　（"boutique"＝ファッション店）
special|is|ar 専攻する
　special|is|ate 〜を専門とする
con|clud|er 結論付ける
　con|clu|s|ion 結論
alimento 食品
corbe 籠（かご）
pan パン
butyro [ブーティロ] バター
caseo [カーセオ] チーズ

130

salsicia ソーセージ

cassa レジ

ex|ito [エクシト] 出口

  ex|ir 外出する

cassera 女性のレジ係

facer le conto 勘定を合算する

pagar 支払う

nota de banca 紙幣

corona クローネ

re|tornar 戻る

tornar 回る

resto 残り

minor [ミノール] 比較的小さな

moneta 小銭、金銭

argento [-ゲ-] 銀

cupro 銅

derivar 派生させる

appellar se ～と呼ばれる

EXPLICATIONES　説明

「affabile」に関する注記:

この単語はラテン語の「affabilis」から来ていて、「ad」「～に向かって」+ fari「話す」+ -bil「得る／可～」+ -is から成り、「その者に向かって話し得る」を意味します。言い換えれば、誰かが余りにも優しいので、この彼／彼女には話し掛けることができるということです。語幹 fa-は単語 in|fa|nte =「未だ話せない」(幼子を指して)にも存在しています。これは fa|bula =「寓話」(比較:「fabulate」作り話をする)にも見られます。ラテン語 fari「話す」は同じ意味を持つスペイン語動詞「hablar」の起源にもなっています。貴方がインテルリングア語を学んだ後でスペイン語まで学び進んだならば、「f」で始まるインテルリングア語の単語はスペイン語では多くの場合において「h」で始まることを覚えて置くと役立ちます。このようにしてインテルリングア語の ferro「鉄」はスペイン語では「hierro」になり、filio「息子」は「hijo」に、focar「囲炉裏端」は「hogar」に、そして forno「炉」は「horno」になります。

43 Extra- (外側にある); extro- (外側へ向かう)

これらの接尾辞はしばしば専門用語の中に見られ、通常の場合、英語の中に学術的、科学的又は擬似科学的専門用語として見ることができます。例:

    extra|mur|al = 学校や大学の「壁の外の」– 例えば、夜間講座（公開講座）

extra|uterin =「子宮外の」
extra|ordinari =「特別な、臨時の」
extra|marit|al =「婚外の」
extra|terrestre =「地球外から来た、宇宙の」
extra|sensori =「五感以外の」
extro|vertite =「外向的な、愛想の良い」

反意語は **intra-**「内側にある」又は **intro-**「内側へ向かう」です：
intra|cellular =「細胞内の」
intra|venose =「静脈内の」
intro|vertite =「内向的な、はずかしがりの」
intro|duction =「導入」

Lection 19　第 19 課

LISTA DE VOCABULOS 単語表

curiose [クリオーセ] 詮索好きな
con|gresso 大会、会議
in retardo 遅れて
taxi タクシー
station central 中央駅
platteforma プラットフォーム
currer 走る
　curr|ero 飛脚、郵便配達員
curr|ente 現在の、流れるような
succe|d|er 成功する
　succe|ss|o 成功
attinger 達する、達成する
justo 丁度
parti|r 出発する
　parti|ta 出発
compartimento 仕切り客室
fuma|r 喫煙する

fuma|t|or 喫煙者
fumo 煙
sede 座席
indicar 示す、指摘する
si il vos place どうぞ
con-viagiat|or [-ヴィアジァトール]
　旅の（男性）同伴者
　con-viagiat|rice [-ヴィアジャトリーツェ]
　旅の女性同伴者
parve 小さい
etate 年齢
op|pos|ite 反対側の
dulce 甘い
capillos 髪の毛
blonde 金髪の
azur 青色の
vive 活発な

132

ambiente 環境
centro 中心
  con|centr|ation 集中
ex|plo|d|er 爆発する
  ex|plo|s|ion 爆発
polite 丁寧な
a ubi? 何処に
billet [beelett] チケット
as|secur|ar 確信させる、確保する
que si 「はい」と
（参照：注記45）
exacte 正確な

patiente [パツィエーンテ] 忍耐強い
saper 知っている
forsan 多分
appellar se 〜と呼ばれている
regretta|bile|mente 残念ながら
  regrettar 残念に思う
non importa 構わない
evita|r 避ける
  in|evita|bile 不可避の
pausa [パーウサ] 絶え間
non ... plus もはや〜ではない／し
ない

EXPLICATIONES 説明

44 ad- 「〜に／へ、〜に向かって、〜の中へ」は接頭辞であり、例えば次の下記の物に見られます：**as|secur|ar**「確信させる」、ここで「**ad-**」の「**d**」は「**secur**」の「**s**」に同化されています。文字通りの意味は「誰かを安全に感じる所に運ぶ」です。

下記に接頭辞「**ad-**」を持つ更に幾つかの単語がありますが、この接頭辞「**ad-**」は多くの場合、同化により隠されています：**accompaniar, accordo, adder, adjectivo, admirar, annunciar, apportar**。更に多くの例を探して下さい！

45 肯定又は否定の間接陳述文は下記のように表現されます：
  Hugo le assecura *que si.*　フーゴは彼女に「はい」と答えて確信さる。
  Illa credeva *que no.*　　　彼女はそうではないと信じていた。

46 Patiente- ma inexactemente.
単調さを回避するために 2 個の副詞が連続発生する場合、後者のみが副詞語尾-*mente* を必要とする（スペイン語の場合と同じ）. .

47 間接疑問文は（英語の場合と同様に）疑問詞+不定詞のみで簡単且つ簡潔に表現されます：
Hugo non sape *que responder.* フーゴは何と答えるべきか判らない。
Illa sape *como evitar pausas.* 彼女は如何に絶え間を避けるべき知っている。

EXERCITIOS 練習

訳して下さい：

1. 仕切り客室の中で何人の女の子を貴方は見ましたか？
2. 彼等は自分達がいくら払うべきかを尋ねた。
3. その大会はいつ始まりますか？（注記：現在又は未来の時制を使用できます。語順に注意して下さい。）
4. 誰が彼女の母親ですか？
5. 君の奥さんはどこにいますか？
6. 貴方は誰を知っていますか？
7. 誰が貴方達を知っていますか？
8. 彼は何を見つけましたか？
9. どれらの本を貴方は読みましたか？
10. どんな種類の花を彼等は買いましたか？

「who」と「whom」（6 と 7 において）は両方とも疑問詞である場合、**qui** として訳される点に注意して下さい。但し、関係代名詞としては「whom」（当該節中で目的語である一人のヒトを指す場合）その代わりに **que** になります。（参照：注記 26）

Ecce le dama *que* io videva heri.
ほらここに私が昨日見た婦人がいます。

本課の主目的は疑問詞の例を挙げることにあります。再度本課を読み直して下さい。その時、多数の疑問詞に特別な注意を払って下さい！

Lection 20　第 20 課

LISTA DE VOCABULOS　単語表

hotel ホテル

restaurante [レスタウラーンテ] レストラン

porto 港（参照：*"porta" = door*）

frequentar 頻繁に訪れる

reservar 予約する

lecto ベッド

clave 鍵

reimpler [レインプレール] 記入する

formulario 書式

mitter 置く

signatura [シグナトゥーラ] 署名

registro [レギーストロ] 登録

camer|ero 係員

　camer|era 女性係員

adjutar 助ける

bagage [バガージェ] 荷物

medie hora 半時間

diriger se 向かう

　diriger 向ける

　direction 方向

servitor ウェーター

　servir 仕える、役立つ

men<u>u</u> [メヌー] メニュー

carta de mangiar メニュー

（参照：*"à la carte"* ＝ア・ラ・カルト）

plure 幾つかの

（参照: *"plural"*＝複数）

pisce 魚

carne 肉

patata ジャガイモ

frir 炒める

cocer 料理する、煮る

verdura 野菜

commandar, ordinar 注文する、命令する

suppa スープ

nam なぜならば

esser pressate 急いでいる

biber 飲む

　b<u>i</u>bita 飲物

　biberage 飲物、ドリンク

aqua mineral ミネラル・ウォーター

succo de fructo フルーツ・ジュース

　succulente 多汁の

vino ワイン

lacte ミルク

tassa カップ

caffe コーヒー、カフェ

　café カフェ

crema クリーム

poner 置く

platto 皿、料理

vitro グラス

cultello ナイフ

furchetta [foork<u>e</u>ttah] フォーク

coclear [kokleh-<u>a</u>rr] スプーン

tosto 直ぐに

intra ～以内に

dinar ディナー（昼、夜）

lunch ランチ

cena　テ ゙ ィ ナ ー （ 夜 ）

135

EXPLICATIONES 説明

48 -ario =

1)「〜の集合体」、例：

herba ハーブ、草	**herb|ario** 植物標本集、植物標本箱薬草園
vocabulo 単語	**vocabul|ario** 語彙
aqua 水	**aqu|ario** 水族館

2)「〜する者／保持する者」、例：

bibliotheca 図書館	**bibliothec|ario** 図書館員
mission 使命	**mission|ario** 伝道師
pension 年金	**pension|ario** 年金受給者

Lection 21　第 21 課

LISTA DE VOCABULOS　単語表

orator 話し手、演説者
public 公共の
excellente [eks-tsell-] 素晴らしい
radio ラジオ
report\|o リポート
　report\|ar 報告する
cruel [kroo-ell] 残酷な
　cruel\|itate 残酷さ
guerra 戦争
victima 犠牲者
mor\|ir 死ぬ
　mor\|i\|ente 臨死の
　mor\|te 死んだ
　le mor\|te 死亡
o ... o 〜か又は
vulner\|e 負傷
　vulner\|ar 負傷させる
mancar 欠けている、見当たらない
（説明参照）、（い）なくて寂しい思
いを人にさせている
appetito 食欲
as\|soci\|a\|t\|ion 連盟
super-population 過剰人口
problema 問題
aliment\|ari 食料の
tim\|er 恐れる
　tim\|ide 臆病な
appoio 支持
ascender 上がる、登る
　descender 降りる
tribuna 演壇
nerv\|ose 緊張した
　（参照：注記 41）
geniculo [ゲニークロ] 膝
tremular 震える
mesmo 〜さえ
sentir 感じる
sudor 汗

fronte 額（ひたい）

gena [ゲーナ] 頬（ほお）

pall|ide 蒼ざめた

labio 唇（くちびる）

sic 乾いた

　hum|ide 湿った、濡れた

bucca 口

lingua 舌、言語

rig|ide [リーギデ] 強張った、硬直した

pecia 断片

ligno [リーグノ] 木材

pos|s|ibile 可能な

　im|pos|s|ibile 不可能な

tote le mundo 誰も（文字通りは「世界中」）

ultime 最後の

grado 段、水準、程度

scala 階段、尺度、規模

cader 落ちる

batter 打つ

col|lapso 崩壊

causa [kah-oosah] 原因

　a causa de ～のために

tim|or 恐怖

scena [スツェーナ] ステージ、景色、場面／シーン

　timor del scena 舞台負け

perder 失う

publico 観衆、民衆

EXPLICATIONES　説明

'mancar'についての注記：

この動詞は「欠落／不足している」を意味し、通常の形は **mancar a**「～に欠落／不足している」であり、欠落／不足している物／が主語です：

　Le manca le appetito.　　　彼は食欲を失った。

　(= *manca a ille* le appetito)　（直訳：彼に食欲が欠けている）

　Me manca le parolas.　　　私は言葉が出てこない。

　(= *manca a me* le parolas)　（直訳：私に言葉が欠けている）

これは英語の概念 to miss（～を失った痛み／悲しみ／寂しさを感じる）を表しますが、ここでも貴方が痛い／悲しい／寂しいと感じている物／者が主語です：

　Tu me manca.　　　　　私は貴方がいなくて寂しい。

　(= *tu manca a me*)　　（君が私に欠けている）

　La manca su amico.　彼女は恋人がいなくて寂しがっている。

　(= *manca a illa*)　　（彼が彼女に欠けている）

49 接尾辞**-itate** は英語の-ity, -ness に相当し、（状態又は品質をも含みます）。これは形容詞から抽象名詞を形成するのに使用されており、

137

-essa と並んでこの意味を持つ最も一般的な接尾辞です。一般性が若干劣る同意義語は（英語にも見られる）-itude です。もう一つは-ia ですが、これは多くの場合、現在分詞語尾-nte の後で発生します。例：

形容詞	名詞
prob_a_bile 確からしい	*probabil\itate* 確からしさ、確率
respons_a_bile 責任のある	*responsabil\itate* 責任
creative 創造性に富む	*creativ\itate* 創造性
t_i_mide 臆病な、内気な	*timid\itate* 臆病、内気
ric 豊かな	*rich\essa* 豊かさ、富裕さ
exacte 正確な	*exact\itude* 正確さ
tolerante 忍耐強い	*tolerant\ia* 忍耐強さ
presente 存在している	*present\ia* 存在

50 形容詞や名詞も動詞から派生し得ます。例えば、ある幾つかの-er 動詞の場合、-ide を持つ形容詞と-or を持つ抽象名詞が形成されます。従って：

VERBO	ADJ.	SUBST.
tim\er	tim\ide	tim\or 恐怖
cal\er	cal\ide	cal\or 熱、暖かさ
rig\er	rig\ide	rig\or 強張り、厳格さ
frig\er	frig\ide	frig\or 寒さ

51 多くの言語において、望み、希望又は切望は「接続法」と呼ばれる特別な動詞の形で表されます。インテルリングア語では当該節の前に「que」という単語（接続詞）を置くだけで充分です：

Que vos le da vostre appoio! 彼に貴方の支持を与えて下さい！
Io vole que ille veni. 私は彼に来て欲しい。
（直訳：私は彼が来ることを望む）

英語の構文 "may (you) be" におけるが如く、動詞 **esser** の特別な形があり、これがもう一つの方法として使用できます：**sia** [s_ee_-ah]。例：

Sia benvenite! 歓迎！
Le j_u_vene maritos sia felice! 若夫婦が幸せになりますように！

Lection 22 第 22 課

LISTA DE VOCABULOS 単語表

grat|e 有り難い
  grat|itude 恩義
  grat|ias 有難う
  re|grat|iar 感謝する
ego エゴ、私
embryon [エンブリオーン] 萌芽
sobrie しらふの
caso ケース
panico パニック
calma 冷静さ
  calmar 静める
stupide 馬鹿な
asino ロバ
nunquam 一度も～ない
al minus 少なくとも
garrular べちゃくちゃ喋る

solemne 厳かな
quasi ほぼ
offen|d|er 気分を害する、侮辱する
  offen|s|a 気分損傷、違反
at|trah|er [atrah-herr] 引き付ける
  (ad = に向けて + traher = 引く)
at|trac|t|ion 呼び物、アトラクション
  (参照: "tractor" = 牽引車)
at|trac|t|ive 魅力的な
ordine 秩序
  dis|ordine 混沌
perfecte 完璧な
valvula 弁、バルブ、蛇口
camera 部屋
vena 静

EXERCITIOS 練習
翻訳して下さい:
　1. 私達に魚、ポテト、子供達のためのグラス 2 杯分のミルクと(私の)妻と私のためのグラス 2 杯のジュースを持って来て下さい。
　2. 全ての戦争が残酷である。
　3.「演説を始めるのは難しい」とフーゴは思った。
　4. 彼の心臓は(激しく)打っていて、彼は余り幸せではなかった。.
　5. その若い医師は一人の英雄のようには振舞わなかった(振舞う(= comportar se)。

Lection 23　第 23 課

LISTA DE VOCABULOS　単語表

detra ～の背後
cathedra [カーテドラ] 演壇
pro|duc|er 生産する
　(*pro* = 前に + *ducer* = 導く)
　pro|duc|tion 生産
　pro|duc|to 製品
audi|t|orio [アウディトーリォ] 講堂、講義室
ef|fec|to 効果
　(*ex* = 出す + *facer* = 作る)
　(参照:注記 53)
devenir ～になる
silente 静かな
de novo 再び、新たに
incatenar 鎖に繋ぐ、抑制する
　catena チェーン
　reaction in catena 連鎖反応
　incatenar su lingua 自分の舌を抑える
dominar 支配する、制御する
trans ～を・超えて／通過して
antique [アンティークェ] 古風な
　antiquate 時代遅れの
ancian [アンツィアーン] 古代の
Egypto [エギプト] エジプト
　egypt|iano [エギプツィアーノ] エジプト人

sono 音
　sonar 響かせる、響く
　sonar un instrumento 楽器を弾く
heri, hodie, deman 昨日、今日、明日
le mesme 同じ(物)
remaner 留まる
dis|cu|t|er 議論する
　in|dis|cu|t|ibile 議論の余地がない
vita 生命、生活
　vital 活気に溢れた、重大な
quoti|dian 日常の
region [レギオーン] 地域
prospere 繁栄している
felice [フェリーツェ] 幸せな、幸運な
habitar 住む
tanto それほど
alter|ubi [アルテールビ] 別な場所に／で
ganiar 勝つ、稼ぐ、獲得する
victoria 勝利
　vic|t|or 勝利者
　vinc|er 勝つ、克服する
dis|coper|ir 発見する
　coper|ir 覆う
sala ホール、大広間
rango de bancos 一列の座席

EXPLICATIONES　説明

52 **-ano** (名詞)は「～の住民」又は「使用言語」を、そして**-an** はそれに関連する形容詞を表します。これより頻繁に名詞及び形容詞の語尾は**-ese** です。これは英語の"-ish", "-ch" 及び "-ese"に相当します。下記の表をご覧下さい:

140

国名		言語／住民	形容詞
エジプト	**Egypto**	**egyptiano**	**egyptian**
ドイツ	**Germania**	**germano**	**german**
イタリア	**Italia**	**italiano**	**italian**
英国	**Anglaterra**	**anglese**	**anglese**
中国	**China**	**chinese**	**chinese**
フランス	**Francia**	**francese**	**francese**
オランダ	**Nederland**	**nederlandese**	**nederlandese**
ポーランド	**Polonia**	**polonese**	**polonese**

例:

Beethoven es un famose compositor german.
ベートーベンは有名なドイツ人作曲家だ。

Le franceses parla francese.
フランス人達はフランス語を話す。

Mi lingua materne es anglese.
私の母国語は英語だ。

Nos mangiava un repasto chinese.
私達は中国料理を食べた。

Lection 24 第 24 課

LISTA DE VOCABULOS 単語表

pro|mitter 約束する（直訳：「誰か
の前に何かを置く」）
　pro|missa 約束
present|ia 存在
　present|e 存在／出席している
vive 生きている、活発な

viv|i|fic|a|nte 活発にする
cal|or 熱（参照：*calorie* ＝ 熱エネルギ
ー単位）
　cal|ide 暖かい、暑い、熱い
sub|levar se 起き上がる
interior [インテリオール] 内部（の）

141

maestro [マエーストロ] 師範、持ち主
manu|scripto 原稿
　（直訳：「手で書かれた物」）
toccar 触れる（体に又は心に）
bassar t 下げる
instrumento 楽器
music|a 音楽
　music|o 音楽家
　music|al 音楽の
senti|mento 感じ、情緒、感傷
argumento 議論（道理）
critic|a 批評、評論
　critic|o 批評家、評論家
　cri|se 危機
　cri|tic 危機的な、ギリギリの
collega 同僚
de|rider 嘲笑する
exister 存在する
e|vide|nte 明白な、明確な、明らか
な
tornar 向ける
　（参照：tornado = 旋風）
favor 好意
captivar 魅了する

ard|er 燃える
　ard|or 熱心（熱烈さ、熱意）
brillar 輝く
　brillante 輝きのある、眩い
frappar 打つ、叩く
fulmine 稲妻
durante que ～している間
singule 僅か一つの
maternal, materne 母の
　lingua maternal 母国語
a pena やっと、殆ど～しない
marc|ar 印す、示す
　re|marc|abile 顕著な
appellar 呼ぶ
　appello アピール
　appellar se ～という名前だ
acceptar 受け入れる
applauso [aplah-ooso] 称賛
sympathia [シンパティーア] 同情、同
感
applauder 称賛する
enthusi|astic [エントゥシアースティック]熱
心な

EXPLICATIONES　説明

53 -|i|fic|ar =「～化する、～にする」。例：

petra 石	petr|i|fic|ar 石化する、無情にする
pur 純粋な	pur|i|fic|ar 浄化する
pace 平和	pac|i|fic|ar 平和を回復させる

形態素-fic-はラテン語で-fac- の異形であり（「facer = 作る、する」か
ら）、ここでは母音が弱化しています。もう一つの異形は-fec-であり、
これは ef|fec|to に見る通りです（ex|fac|to から）。.
これに似た一つの語尾が-is|ar =「～化する」又は「適用する」です。

142

例：

    pulvere 粉   **pulver|is|ar** 粉末化する
    neutral 中性の   **neutral|is|ar** 中立化／中和化する
    Pasteur パスツール   **pasteur|is|ar** 低温殺菌する
    minime 最低／最小の   **minim|is|ar** 最小化／最低化する

54 **-is|ta** = 1) 〜の教義又は慣習の信奉者。教義その物は **-is|mo** で示される。例：

    Buddha 釈迦   **buddh|is|ta** 仏教徒   **buddh|is|mo** 仏教
    social 社会的な **social|is|ta** 社会主義者   **social|is|mo** 社会主義

2)「芸術、科学又は〜の使用を実践する人」：

    arte 芸術   **art|is|ta** 芸術家
    piano ピアノ   **pian|is|ta** ピアニスト
    machina 機械   **machin|is|ta** 機械工
    telegrapho 電報   **telegraph|is|ta** 電信技手

-ista で終わる単語は形容詞としても用いることができます：

    un partito socialista 一つの社会党

55 **-a|mento**（は **-ar** 動詞の場合；**-i|mento** は **-er** 動詞及び **-ir** 動詞の場合）=「〜する行為又はその産物」。例：

    aggravar 悪化させる   **aggrava|mento** 悪化の過程／結果
    arrangiar アレンジする   **arrangia|mento** アレンジの過程／結果
    consentir 同意する   **consenti|mento** 同意の過程／事実

56 IALA が Interlingua を開発していた時、多数の文法的に「小さな単語」がソース言語の内の最低 3 言語間で充分に類似してないという事態が生じました（例："but / ma / pero / mais / aber"）。そのためインテルリングア語の同等語を合成することができませんでした。研究者達は純粋なラテン語の単語か又はソース言語の内の 3 個以下の言語により支持されているロマンス語の単語かの選択に迫られました。一般的に彼等はラテン語の単語を選びました（当時普及していたラテン語での教育を反映して）。しかし、近代での使用傾向はより自然に感じられるロマンス語の単語を採用することでした。このようにして、「しかし」に対する単語「**sed**」はイタリア語の"**ma**"に大いに取って代わられて来ました。これは音楽の専門用語（"allegro ma non troppo"）「アレグロなるも、過度たるべからず」から普遍的に知られています。

    IALA はこれら二つの種類から選択すべきでしたが、残念ながらそうはし

ませんでした。Alexander Gode 自身は常にラテン語の助詞ばかり使用していました。50 代早期からインテルリングア語を活発に使用して来た本書の著者も純粋なラテン語の文法用語の内の幾つかを保存するには充分な理由があると考えていますし、多分、大多数のユーザーもそのように考えていることでしょう。

　ここに幾つかの例があります：**Hic** は英語では here、ドイツ語では hier、スカンジナビア語では här であり、ゲルマン語派の同等語に充分に類似しており、大部分の欧州諸国の外国語辞書に見られる幾つかのラテン語の引用の中でも存在しています。同じ動機が **nunc**「今」（英語 now、ドイツ語 nun、スカンジナビア語 nu）についても当てはまります。代案の **ora** は「煩わしい」類似性を **oral, oration** に対して持っている割には、「口」や「言葉」とは全く無関係です。又、宗教的な表現 **Ora et labora!**「祈れ、そして働け！」は **ora**（を「今」という意味で使用すること）に反論しています。**Anque** も一つのソース言語であるイタリア語"anche"のみに支持されていますが、不思議なことに Gode のラテン語 **etiam** として最も使用されている単語になってしまいました。これらは両方とも **tamben** に取って代わられるべきです。.

　注記：本書の CD の中で"sed"と"etiam"が使用されていましたが、今日では"ma"や"tamben"がより好ましいでしょう。

ここに読者が他のインテルリングア語の書き物や会話の中で見つけるかも知れない更に幾つかのロマンス語の異形があります。15 ヶ国語で書かれた本教科書はこれらの可能な選択肢の中で一番目の物をより好んで推薦しています。

alcun (alicun) ある、幾分かの／幾かの

alcuno (alicuno) 誰か

alora (tunc) その時、だから

alque (alique, alco) 何か

durante /que/ (dum) 〜である／〜する・一方

es (son) である／いる（複数主語の時）

essera (sera) であろう／いるだろう／あるだろう（かなり確実）

esserea (serea) であろう／いるだろう／あるだろう（謙虚な主張）

esseva (era) であった／いた／あった

hic (ci) ここ

ibi (illac, la) あそこ

ille (celle, aquelle) あの、あれらの

jam (ja) 既に、いましがた

ma (sed, mais) しかし

nunc (ora) 今

nunquam (non ... jammais) 決して

poc (pauc) ほんの僅かの

poco (pauco) ほんの僅か

sempre (semper) 常に

su/pe/r (super) 〜の上

unquam (jammais) 一度も〜ない

Lection 25　第 25 課

LISTA DE VOCABULOS

nive 雪

autumno 秋

transir 渡る、亘る、通過する

hiberno 冬
　hibernar 越冬する、冬眠する

arbore 樹木

nude 裸の

depost ～の後
　depost longe tempore 長い間

dis|foliar 落葉させる
　dis-(接頭辞)除去、対立

tarde 遅い

ecclesia 教会

pro|menar se 散歩する

a transverso de ～を通じて

aere 空気

fresc 涼しい、新鮮な
　re|fresc|ar se 自分を気分爽快に
する

tote 全ての、全体の

celo [ツェーロ] 空、天

obscur 暗い、不明瞭な

ni ... ni ～でなく、～でもない

stella 星

parer 見える、思える

triste 悲しい

gris 灰色の

pluv|er 雨が降る

pluv|ia 雨

pluv|iose 雨の

frig|or 寒さ、冷たさ
　frig|ide 寒い、冷たい

illo me gusta 私はそれが好きだ
　(直訳:「それは私を喜ばす」)

gustar 味わう、享受する

con|sentir 同意する、共感する

na|sc|er [nas-tserr] 生まれる

na|t|ura 自然
　(直訳:全ての生まれた物)

na|t|ion 国家
　(直訳:一国に生まれし者達)

pre|ceder 前に来る、先行する

primavera 春

odor 香り、匂い

est|ate 夏
　est|ive 夏の

sol 太陽

frequente 頻繁な

pretender 主張する

unda 波

mar 海

sal|in 塩を含む

supportabile 耐えられる

replicar 返答する

molle 柔らかい

considerar 考慮する

ir al incontro de 迎えに行く

tacer 黙る

arrestar 止める

facie 顔

in alto 上に向かって／けて

lente 遅い

labio 唇

tenere 優しい、愛情溢れる

basio キス
　basiar キスする

a|deo [adeh-o] さようなら

145

Lection 26-27　第 26-27 課

LISTA DE VOCABULOS　単語表

ex|tracto 抜粋
　ex|traher 抜粋する
（二重語幹の例：trah- 及び tract-）
jornal 新聞
　jorno 一日、日中
re|port|ar 報告する
　（直訳：「運び戻す」）
　re|port|ero レポーター、報道者
agent|ia [アゲーンツィア] 通信社
pressa プレス、報道陣
recente 最近の
conferentia 会議
educar 教育する
　education 教育
cult|ura 文化、耕作／養殖／育成
delegar 代表として指名／派遣する、
委託する
　delegato 代表者、派遣団員
stato 国、州、状態
membro 会員
ex|primer 表現する
　ex|pression 表現
　（二重語幹：prim- 及び press）
satis|fac|t|ion 満足
numer|ose 多数の
　innumerabile 無数の
initiativa [ineetsee-ateevah] 率先
dis|veloppa|mento 開発／発展
　dis|velopp|ar 開発／発展する
servicio [セルヴィーツィオ] サービス
facilitar 容易にする、楽にする
　facile 簡単な
ex|cambio 交換
debatto 論争

causar [カウサール] 引き起こす
pro|posit|ion 提案、節
　proposition; clause
pro attaccar 攻撃するために
an|alphabet|ismo 文盲（ギリシャ語の
接頭辞：an- = Lat. in- = Eng.”an-
/in-“。参照：注記 29)
unir se 連合する
protesto 抗議
contra 〜に逆らって
　contra|dicer 矛盾する、否定する
retarda|mento 遅延
　in retardo 遅れて
plano 計画
per consequente 従って
real|is|a|tion （計画等の）実現
habil|itate 技能
　habile 能力のある、熟練した
tempera|mento 気質；意向／気分
projectar 計画する
con|stru|ct|ion 建設
　con|stru|er 建設する
schola 学校
plus que 〜よりもっと
un tal 一つ／一人・のそのような
diminuer 減る、削減する
standardisation 標準化
ducer 導く
econom|is|ation 節約
man|tener 維持する
porta-voce スポークスマン
（直訳：声運び）
manco 不足
instru|er 指導する

instruct|ion 指導
  instruct|or 指導者
remediar 救済する、助ける、治療
する
e|miss|ion 放送
  e|mitt|er 放出／放送する
resolution 決意／解決
  resolute 決意した
tele|vi|s|ion テレビ（放映）
ac|cept|ar 受け入れる
fin 終わり
  al fin 最後に、とうとう
session 会議
（seder「座る」から）
recommendar 推薦する
prior|itate 優先
lucta 闘争、喧嘩
manifestar 宣言する、表明する
ac|t|ion 行動
rational 妥当な、合理的な
conforme a〜に従って

pre|side|nte 議長
assemblea [-eh-ah] 会議
general [ゲネラール] 全体の、一般の
consilio 評議会（助言者の団体）；
助言
solu|t|ion 解決
communication 意志の疎通
lingu|ist|ic 言語学的な

radice [ラディーツェ] 語根、源
duple 二重の
deber 負う、〜すべきである
morphema morpheme 形態素
（言語の意味のある最小単位）
secundo 〜に従い
suffixo 接尾辞
（単語に付加される語尾）
re|leger 読み直す
ab 〜から
in supra 上方に／で
ex|ig|er [エクシゲール] 要求する

Lection 28　第 28 課

LISTA DE VOCABULOS　単語表

authentic [アウテーンティック] 信ずべき、
確実な、本物の
scientia [スツィエーンツィア] 科学
novas ニュース
  un nova 一つのニュース
publicar 公表／出版する
  publication 公表／出版
re|cerca 調査、研究
  cercar 探す
cancer 癌
sero 血清

Svedia スウェーデン
  svedese スウェーデン人／語（の）
capace 〜できる（形容詞）
destruer 破壊する
cellula 細胞
  cellular 細胞の
in vitro 試験管内で、生体外で
normal 正常な
  norma 基準
mesme 同じ
durante que 〜である／する一方

147

sanguine 血
cavallo 馬
reciper 受け取る
injection 注射
　jectar 投げる
miscer [mees-tserr]混ぜる
　mixtura 混合（物）
materia 材料
derivar 派生させる
zoologia [ゾオロギーア] 生物学
tortuca 亀
gigante [ギガーンテ] 巨大な
capitano 船長
　capite 頭
capturar 捕獲する
rege 国王
insula 島
viver 生きる
trovar se ある、見られる
（直訳：自らを見出す）
sanitate 健康
geo|logia [ゲオロギーア] 地質学
　geo- 地球／土地（ギリシャ語）
laco 湖
Norvegia [ノルヴェーギア] ノルウェー
profundor 深さ
　profunde 深い
circa 約
hydro|logia [ヒドロロギーア] 水文学

hydro- 水（ギリシャ語）
hypo|these 仮説
　hypo- 下（ギリシャ語）参照：sub- （ラテン語）
　hyper- 上（ギリシャ語）参照：super- （ラテン語）
retro 前に
　10 annos retro = ante 10 annos
　10 年前に
epocha [エッポカ] 時代（ギリシャ語）
glacial 氷河の
　glacie 氷
infra （～の）下で
super|ficie 表面
（直訳：「顔の上」）
oceano [オツェーアノ] 海洋
calcular 計算する
descender 下がる、降りる
depost （～）以来
computator コンピュータ
electronic 電子工学の
relativitate 相対性
population 人口（ラテン語：*populus* = the people から）
littera 文字、手紙
cifra 数字、暗号
pertiner a ～に所属する
branca 部門、分野

Lection 29 第29課

LISTA DE VOCABULOS 単語表

architectura 建築 (ｷﾞﾘｼｬ語から:
  arch- = 主な、主要な
  tekton = 建設者)
  tecto 屋根、天井
Russia ﾛｼｱ
  russe ﾛｼｱ語／人の
enorme 膨大な
pro|gresso 進歩、前進
edificio [ｴﾃﾞｨﾌｨｰﾂｨｵ] 建物
a partes 部品を備えた
pre|fabricar ﾌﾟﾚﾊﾌﾞ化する
  fabricar 製造する
  fabrica 工場
etage [ｴﾀｰｼﾞｪ] (ﾌﾗﾝｽ語) 階
compler 完成する
obrero 労働者、作業員
  obra 仕事、作品
e|rig|er [ｴﾘｹﾞｰﾙ] 建てる
  e|rect|e 直立の
appartamento ｱﾊﾟｰﾄ
verso ～に向かって、～頃
domicilio 住居
urban 都市の
va usar 使おうとしている
technica (ｷﾞﾘｼｬ語) 技術
stato|unitese 米国
dubitar 疑う
base ﾍﾞｰｽ
  a base de ～に基づいて
comparation 比較
limitar 制限する
  limite 制限
integremente 全体的に
  integre [ｲｰﾝﾃｸﾞﾚ] 全体の

morbo 病気
cardiac 心臓の
  epi|demio|logic [ｴﾋﾟﾃﾞﾐｵﾛｰｷﾞｯｸ
] 伝染病学の (ｷﾞﾘｼｬ語から: *epi* =
～を網羅する／覆う *demos* =
人々)
Japon 日本
area [ｱｰﾚｱ] 地域
aqua molle 軟水
aqua dur 硬水
basse 低い
alte 高い
contento 内容
mineral ﾐﾈﾗﾙ (を含む)
co|r|relation 相対関係
vaste 広大な
morte 死亡
citate 町
habitante 住民
phoca ｱｻﾞﾗｼ、ｱｼｶ
delphino ｲﾙｶ
expressive 表現力のある
inter|individual 個人間の
sono 音
dolor 痛み
gaudio 喜び、嬉しさ
varie 色々な
emotion 情緒
trans|mitter 伝える
tele|phonicamente 電話で
il pare ～ように it seems
comprender se 互いを理解する

kilometro km.
con|ducer 行う

frequentia 周波数
cyclo サイクル
organo 器官

notitia [ノティーツィア] お知らせ、記事

注記:

第 28-29 課の幾つかの単語はインテルリングア語の最頻出 2000 語に含まれていません。しかしながら、著者は読者が人気のある科学技術関係の記述内容の中でインテルリングア語の幾つかの例を見るのは有益と考えております。なぜならば、この言語はこの種の記述内容に広く使用されて来ているからです。

ギリシャ語起源の単語

次の点は知る価値がある。近代欧州諸語において（又、従ってインテルリングア語においても）重大な数の科学及び医学専門用語はギリシャ語起源です。多くはインテルリグア語でも保存されて来ている文字「y」、語尾「-ic」あるいは際立った文字の組合せ「ph」、「ch」、「th」及び「rh」によりそれであることが判ります。（但し、「th」はインテルリングア語では「t」として発音される点に注意して下さい。）ここに幾つかの例があります:

PH [f]	**CH** [k]	**TH** [t]	**RH** [r]
catastrophe	architectura	hypothese	catarrho
metaphysica	bronchitis	sympathia	diarrhea
pharmacia	cholera	synthetic	rheumatismo
philosophia	polytechnic	theoria	
telephono	schema	therapia	
	technica		

Lection 30　第 30 課

LISTA DE VOCABULOS　単語表

proverbio 諺（ことわざ）

non ancora 未だ〜でない

compilar 編集する

cata 各

rana 蛙（かえる）

creder se 自分が〜であると信じる

del dic|to al fac|to 言葉から行動まで（源：*dicer, facer*）

trac|to 期間、距離
　traher 引っ張る

palea [パーレア] 藁（わら）

star 立つ、立っている

loco 場所
　non sta ben in un loco 相性が悪い

fico 無花果（いちじく）

lic|ite 合法な、許されている

bove 雄牛

convention 協定、合意

garantir 保証する
　garantia [ガランティーア] 保証

cive 市民

inseniamento 指示、教えること

scholar 学校の

element|ari 初等の

sub|jecto 科目

co|gnoscentia 知識

utile 有用な

e ... e 〜と〜の両方

scientific 科学的な

necessari 必要な

littera|tura 文献

super|flue [スペールフルエ] 余分な

realisar 実現する

secundo 〜に従い

pre|sup|poner 前提とする

i.a. (= inter altere) なかんずく、特に（ラテン語 *inter alia* から）

instituto 研究所

occupar se de 〜と取り組む

curso コース

concerner 関係する

e|laboration 推敲（すいこう）

de|signar 意図する、計画する、指定する

inseniar 教える

in addition 加えて

edition 出版

revista 雑誌

mensual 月間の

dedicar （身や時間を）捧げる

methodo 方法

dif|funder 普及させる、広範囲に広める
　diffusion 普及

septimanal 週刊誌

popular [ポプラール] 人気のある

variar 異なる

stadio 段階、スタジアム

initial [イニツィアール]初期の

stabilitate 安定性

impedir 妨害する
　impedimento 妨害

risco リスク

dis|solu|tion 分解、解体
　solver 解決する、溶かす

dialecto 方言

151

apprehension 懸念、危惧
exaggerar [エクサゲラール] 誇張する
era 時代
render 〜にする、産む／返す、譲る、翻訳する
practic|abile 実践可能な／向きな
uso 使用
　usar 使用する
registrar [レギストラール] 記録する
　registration 記録
identic 同一の
disco ディスク
assi そのように、だから、従って
　(as)si ... como 〜と同様に〜だ
grammatica 文法

semblar 見える、思える
minimo 最小限
regularmente 規則正しく
matur 熟した
conto 物語
perla 真珠
utilisator ユーザー
adresse アドレス、住所
abonar se 定期購入申し込みする
　abonato 定期購入申込者
in infra 下で／に
auxiliar 補助の
inviar 送る
autor 著者

本文中の質問の答え/
RESPONSAS AL QUESTIONES IN LE TEXTOS
注記：多数の色々な解答例が可能です！

LECTION 2
1. Ille reguarda le belle senioretta. 2. No, ille la reguarda con interesse. 3. Le juvene senior es elegante. 4. Illa pensa: "Le senior elegante me reguarda e ille pensa que io es belle." 5. No, io non pensa que ille es fatigate.

LECTION 4
1. Nunc illes sede su/pe/r le banco, un presso le altere. 2. No, un amico de Hugo se approcha. 3. Critar. 4. Altere cosas le absorbe. 5. Ille debeva approchar se e critar. 6. Hugo pensava al juvene senioretta. 7. Le conversation non esseva interessante.

LECTION 5
1. Illa lege su libro. 2. Tamben ille lege le libro de illa. 3. Ille vole informar se concernente illa. 4. Illa lege un libro re (concernente) le Nationes Unite. 5. Le libro es scribite in interlingua. 6. Hugo ha vidite iste lingua in libros e periodicos medical. 7. No, ille non lo ha legite.

152

LECTION 6
1. Si, Hugo pote leger interlingua. Omne medicos pote leger lo sin studio. 2. Ille vole tamben parlar con le belle senioretta. 3. Ille intendeva cercar un manual e un dictionario del idioma international. 4. Si, ille es multo diligente. 5. Un dictionario es un libro con multe parolas. 6. Io (Nos) utilisa un manual a (pro) apprender factos o un lingua.

LECTION 7
1. No, le nomines del menses non es difficile in interlingua. 2. On vide le luna in le nocte. 3. Le adjectivo es "original". 4. A voce basse. 5. Ille vole poter fixar le dies de su incontros futur con illa.

LECTION 8
1. Hodie es ... 2. Il es le ... 3. Il es duo horas minus quatro /minutas/. 4. Le traino arriva a 22^{h}38 (vinti-duo e trenta-octo). 5. Heri esseva ... 6. Deman essera ... 7. Illes arriva a ... horas.

LECTION 9
1. "Vader con un persona". 2. Io ama ... 3. Ha tu mangiate? Ha tu te lavate? Ubi es tu libros?

LECTION 11
1. Hugo bicycla. O: Hugo veni a casa per bicyclo. 2. Ille es multo fatigate; bicyclar es pesante. 3. Un auto nove costarea multe moneta. Illo esserea troppo car. 4. Ille comprarea un auto pro se e donarea su bicyclo a su fratre. 5. Io ... -rea ... etc.

LECTION 13
1. Un essayo es un presentation scribite de factos e de explicationes concernente iste factos. 2. In un jardin on pote vider flores de omne colores, verdura e arbores. 3. Infrequente, non sovente. 4. No, isto occurre frequentemente (sovente). 5. Le professor dice: "Aha, ecce un charmante manifestation del humor de mi studentes! Quanto illes es sympathic ..." O forsan vos ha un alternativa plus realistic?

LECTION 14
1. No, nos lo attendeva durante 13 lectiones. 2. Ille comprende que illa le recognosce. 3. No, ille ama solmente le facie de illa. 4. Si, multo ben, como le lector de iste curso! 5. Un bibliotheca es un

153

collection de libros, multe libros.

LECTION 16
1. No, le distantia es curte. 2. Il ha septe personas. 3. "Un platto favorite" es le mangiar que on ama multo e sempre prefere. 4. Proxime.

LECTION 17
1. Possession, diction, provocation, induction, comprension, explication, expectation. 2. Urbe, campania, village, pais, terra, mundo, universo. 3. Viro: "Vos es le sol femina qui es tanto belle como mi sonios." Femina: "Ecce un kilo de diamantes."

LECTION 18
1. Portar. 2. Venditor. 3. Un magazin es plus grande que un boteca. 4. Nigre, blanc, brun, verde, jalne, rubie.

LECTION 20
1. Coclear. 2. Furchetta. 3. Platto. 4. Cultello.

LECTION 21
1. Ille pensa al povre victimas del guerra. 2. Un vulnere mortal es un vulnere si grave, si seriose que on mori a causa de illo. 3. Ille es multo nervose. 4. Superpopulation significa que il ha troppo de humanos in relation al alimentos disponibile. 5. Su pallor. (Que ille es pallide.) 6. Ille time que ille cadera. 7. Illos es quasi blanc.

LECTION 22
1. Hugo se appellava un asino [asino]. 2. Calme. 3. Ille considerava su discurso "un momento solemne", le qual on deberea respectar.

LECTION 23
1. Ille voleva dar al auditores le occasion de concentrar se e finir lor conversation. 2. Un victor. 3. Partes del mundo o de un pais, le quales es ric.

LECTION 24
1. Illa esseva sin su cognoscentia in le sala del congresso. 2. No, isto esseva un inspiration que le faceva oblidar su nervositate. 3. Illa le trova sympathic.

154

LECTIONES 26–27

1. Information, informator, informatori, informative. 2. Definition, definitor, definitori, definitive. 3. Construction, constructor, constructori, constructive, /con/structura. 4. Possession, possessor, possessori, possessive. 5. Action, actor, actori, active. 6. Introduction, introductor, introductori, introductive. 7. Television, televisor, televisori, televisive.

LECTION 28

1. Cinquanta-sex, mille novem centos cinquanta-cinque, mille septe centos septanta-septe, mille novem centos cinquanta-quatro, cento, dece milles, quaranta-cinque, mille novem centos sexanta-cinque. 2. Zoologia describe le animales. Geologia describe le terra, su formation, su structura e su evolution. 3. Illo pertine al medicina.

LECTION 29

1.Un domo, un grande casa. 2. In le corde. 3. On ha demonstrate que phocas e delphinos pote communicar telephonicamente.

LECTION 30

Le responsas del question final es, sin dubita, multo individual e omne iste responsas interessarea le autor de iste libro. Ille vos preca: invia vostre responsa, longe o breve, a Societate Svedese pro Interlingua, Vegagatan 12, SE-432 36 Varberg, Svedia, o al organisation interlinguistic de vostre pais!

第 2 部の練習の解答/
SOLUTIONES DEL TRADUCTION

LECTION 1

1. bancos, le bancos blanc. 2. Duo seniores sede su/pe/r un banco. 3. Si, illo (illos) es blanc. 4. Si, ille (illes) es elegante. 5. Si, illa (illas) es elegante.

LECTION 2

1. Esque vos vide (Vide vos) un juvene senioretta super le banco? 2. Si, senior, io la vide. 3. Vos debe vider la! 4. Illa es non solmente

juvene, ma tamben belle. 5. Que dice le juvene senior a illa? 6. Nostre juvene senioretta non responde. 7. Responde me! 8. Sede super le banco! 9. Vide! O: Reguarda! (O = alternativemente)

LECTION 3
1. 76 = septanta-sex. 2. 135 = cento trenta-cinque. 3. 1971 = mille novem centos septanta-un. 4. 12 434 = dece-duo milles quatro centos trenta-quatro. 5. 778 903 = septe centos septanta-octo milles novem centos tres. 6. 18 765 432 = dece-octo milliones septe centos sexanta-cinque milles quatro centos trenta-duo. 7. 32×4 = 128 = trenta-duo vices quatro es cento vinti-octo. 8. le septime. 9. le octanta-tertie. 10. le decime. 11. le dece-prime. O: le dece-unesime. 12. le octave. O: le octesime. 13. le dece-none. O: le dece-novesime. – 14. Le amico del juvene senior. 15. Le historia de nostre amico. 16. Ille conta le parolas del lection.

LECTION 5
1. videva, esseva, prendeva, habeva; faceva, stava, videva, sedeva; reguardava, debeva, pensava, diceva, permitteva, respondeva, faceva; (Lection 5:) abandonava, poteva, discoperiva, legeva, reguardava, videva, voleva. 2. ha + vidite, essite, prendite, habite, facite, state, vidite, sedite; reguardate, debite, pensate, dicite, permittite, respondite, facite; (Lection 4:) sedite, passate, salutate, vidite, audite, absorbite, remarcate, approchate, critate, state, respondite, sentite, parlate, essite; potite, legite, essite, reguardate, vidite, legite, essite, volite.

LECTION 8
1. Le libro ha essite scribite per le medico. 2. Le libros esseva scribite per ille. 3. Le libro habeva essite scribite per un professor. 4. Esque le letteras essera scribite per le secretario (secretaria)? 5. Le programma esseva finite per le presidente. – 6. Ulla es belle, Birgitta es plus belle, ma Anna es le plus belle. 7. Le substantivo es le parola le plus importante. 8. Iste maniera es tanto facile como le altere.

LECTION 9
1. Quando ille habeva vidite (Post haber vidite) le libro, ille lo comprava (lo ha comprate). 2. Del matino (In le matino) ille labora mal, pejo que ille lo face del vespere (in le vespere). 3. Esque illa

156

voleva dar le le libro? O: Voleva illa dar le le libro? 4. Si, illa le lo dava (illa lo dava a ille). 5. Ha vos tamben libros nove? 6. Illa me los ha comprate. O: Illa los ha comprate a me.

LECTION 11
1. inutile. 2. improbabile. 3. intolerante. 4. injustitia. 5. irreparabile.

LECTION 14
1. Un homine (viro) suffrente. 2. Un question surprendente. 3. Aperiente le porta (Quando illa aperiva le porta), illa videva le juvene homine. 4. Parlante con estranieros, ille non esseva impolite.

LECTION 16
1. regional. 2. additional. 3. vital. 4. natural. 5. mundial. 6. telephonic. 7. cyclic. 8. mercantil. 9. fragmentari.

LECTION 19
1. Quante pueras videva vos in le compartimento? 2. Illes (Illas) demandava quanto illes (illas) debeva pagar. 3. Quando comencia/ra/ le congresso? 4. Qui es le matre del puera? 5. Ubi es tu marita? 6. Qui cognosce vos? 7. Qui vos cognosce? 8. Que trovava ille? 9. Que libros (Qual libros) ha vos legite? 10. Qual flores comprava illes?

LECTION 22
1. Per favor, apporta nos pisce, patatas, duo vitros de lacte pro le infantes e duo vitros de succo de fructos (juice) pro mi marita e me. 2. Omne guerras es cruel. 3. "/Il/ es difficile comenciar un discurso", Hugo pensava. 4. Su corde batteva e ille non se sentiva multo allegre. 5. Le juvene medico non se comportava como un heroe.

Ingvar Stenström による出版物/
PUBLICATIONES DE INGVAR STENSTRÖM

(UMI = Union Mundial pro Interlingua; SSI = Societate Svedese pro Interlingua)

Interlingua – instrumento moderne de communication international (Lulu.com)
インテルリング゛ア語 – 国際的な意思疎通のためのツール。

本文 + スウェーテ゛ン語のコメント。Läromedelsförlagen/Esselte Studium, Svedia, 1972 年、142 ペーシ゛。ISBN 91-24-20621-0.

本書は次の言語に翻訳されている：ハンカ゛リー語、フランス語、ト゛イツ語、テ゛ンマーク語、ホ゜ルトカ゛ル語、ノルウェー語、ロシア語、ルーマニア語、ホ゜ーラント゛語、フ゛ルカ゛リア語、リトアニア語、英語、スヘ゜イン語、日本語、中国語

テキスト。第二版、改訂済み。UMI, 1989 年、60 ペーシ゛。ISBN 90-71196-15-1.
著者が読み上げる本文を添えた CD が入手可能です。

Interlinguistica e interlingua (Lulu.com)
テーマ：インテルリング゛ア語学とインテルリング゛ア語。イング゛ヴァール・ステンストロェームとレラント゛ B.イェーカ゛ーによる公開討論。UMI、1991 年 72 ペーシ゛。ISBN 90-71196-17-8。第 2 版：インテルリング゛ア語学とインテルリング゛ア語。SSI/www.lulu.com, 2009. ISBN 978-91-977066-4-3。

Como inseniar Interlingua
インテルリング゛ア語はどのように教えるべきか？理論と実践上のアト゛ハ゛イス。非専門家のためのカ゛イト゛。SSI、1993 年 12 ペーシ゛。

Formation de parolas in Interlingua (UMI)
インテルリング゛ア語における単語の形成。SSI、1999 年 12 ペーシ゛ ISBN 91-971940-4-2。

Qui besonia Interlingua? E Qual sorta de Interlingua es besoniate (UMI)
誰がインテルリング゛ア語を必要としているか？又、どんな種類のインテルリング゛ア語が必要とされているか？
ポーランド゛国グ゛ダンスク市における 2001 年 7 月の第 15 回インテルリング゛ア語大会の討論。12 ペーシ゛。

Mi testamento interlinguistic (UMI)
私のインテルリング゛ア語学上の信条。討論、ブ゛ルグ゛リア国 2003 年 7 月。
部分的にパノラマ 2004 年:5 で公開済み。

Interlingua e su promotion durante 50 annos (Lulu.com)
インテルリング゛ア語と 50 年間に亘る促進運動。
SSI/www.lulu.com、2008 年、270 ペーシ゛。ISBN 978-91-971940-5-1。

重要な住所／連絡先
ADRESSES IMPORTANTE

Ingvar Stenström
Vegagatan 12
SE-43236 VARBERG,
Svedia
Tel. +46-(0)340-15053
ingvar.stenstrm@telia.com
Signatura in Skype: ingvars
www.interlingua.nu

Shigeru Yoshida
polyglot@nifty.com

世界インテルリングア語連合(UMI)
www.interlingua.com
secretario.general@interlingua.com

スウェーデン・インテルリングア語協会 (SSI)
secretario@interlingua.nu
Conto postal Plusgiro 474141 - 9
☎ +46-/0/340/150 53, +46-/0/340/875 45.

パノラマ － インテルリングア語による
www.interlingua.com/panorama
panorama@interlingua.com

UMI 書籍部
www.interlingua.com/libros
libros@interlingua.com

Yoichi Yamamoto
amaligelno@jcom.home.ne.jp.

Satoko Berger-Fujimoto
bsatoko@gmail.com

単語表/ VOCABULARIO
インテルリングア語で頻出する 2,000 個の単語

強勢は一般的に最後の子音の前の母音に置かれます。この規則に従わない全ての単語は強調される母音に下線を施すことで記されています。 *Ch* は通常 [k]と発音されます（*school* の場合のように）; [sh]と発音される場合 (例えばフランス語の *chic* において)、この事実は当該単語の後に示されています。 *G* は通常は[g]と発音されます（例えば英語の「go」のように）; [j]と発音される場合（例えば「*George*」のように）、この事実は当該単語の後に示されています。

A
a ～で、に、へ
ab ～から
abandonar 放棄する
abassar 下ろす、下げる
abbreviar 短縮する
abonar se 申し込む
abonato 申込者
absente 欠席している
absolute 絶対的な
absorber (-sorpt-) 吸収する
absurde 馬鹿げている
abundante 豊富な
accelerar 加速する
accender (-cens-) 点火する
accento 強勢、力点
accentuar 強調する
acceptar 受け入れる
accidente 事故
accompaniar 同伴する
accordo 協定、合意
  de accordo 一致して

accostumar 慣らす
accusar 訴える
acido 酸
aciero 鋼鉄
action 行動
active 活発な
acto 行為、行動
actual 実際の
acute 急性の、鋭い
adaptar 適合させる
adder 追加する
addormir se 眠り込む
adeo さようなら
adjectivo 形容詞
adjunger (-junct-) 繋ぎ込む、結合する
adjuta 助力
admirar 称賛する
admitter (-miss-) 入場許可／事実認識する
admoner 警告する
adoptar 採用する
adorar 崇拝する
adresse アドレス、住所
adulto 成人
advertir 勧告／通知す
る
advocar 呼び掛ける、召集する
aere 空気
affabile 愛想の良い、優しい
affaire 関心事、事柄
affamar 飢えさせる
affection 優しい思い、いつくしみ
affin 婚姻関係を持つ、類似の
affirmar 断言する、主張する
agentia 代理店
ager (act-) 行動する
agitar 扇動する、興奮させる、討論する
agradabile 心地よい、感じの良い
aggrandir 拡大する
agulia 針
al = a + le その～で／に／へ
ala 翼
alacre 意欲のある、機

敏な

albergo 宿

alcun, alicun 何等かの、幾分かの

alcuno 誰か

alimento 食料

allegre 陽気な

alora その時、その場合、だから

alque, alique 何か

alte 高い

altere 他の

alterubi 別の所で／に

altitude 高度

alto 頂点、上部
　in alto 高い所／階上で／に

amabile 愛嬌の良い、感じの良い

amar 愛する、好む

amar 苦い

ambe(s) 両方(の)

ambiente 環境

ambular 歩く、ぶらつく

amical 友好的な

amico 友人

amonta 総量、金額

amor 愛

amusar 楽しませる、もてなす

analphabetismo 文盲

ancian 古代の、古い、以前の

ancora 未だ

anello リング、輪

angulo 曲り角、角度

anima 魂

animal 動物

anno 年

annual 年間の、年に一度の

annuncio 発表、広告

anque ～も同様に

ansa 取っ手

ante ～の前、前に

antea それ／今以前に

anterior 前面の、以前の

antiquate 時代遅れになった

antique 古代の、骨董の

anxie 気掛かりな

aperir (-pert-) 開く

aperte 開いている

apparato 装置

apparer 現れる

appartamento アパート

appellar 呼ぶ、名付ける、アピールする

appellar se ～と呼ばれる、～という名前を持つ

appello アピール、訴え

appender 添付する

appertiner ～に所属する

appetito 食欲

applauder (-plaus-) 拍手喝采／称賛する

applauso 拍手喝采、称賛

appoio 支持

apportar 支持する

appreciar 真価を認め

る、有り難いと思う

apprender 習う、聞いて知る

approbar 承認する

approchar 接近させる

apte 適している

apud ～の傍／脇

aqua 水

arbore 木

architecto 建築師

arco アーチ、弓

arder 燃える

ardor 情熱

area 地域

argento 銀

argilla 粘土

argumento 論拠

arma 武器

armea 軍隊

arrangiar [-ジャール]

arrestar 止める

arrivar 到着する

arte 芸術

articulo 記事、冠詞、商品、条項

artificial 人工の

ascender (-scens-) 上がる、登る

ascoltar 聞く

asino ロバ

assatis 充分、かなり

assecurar 確信させる、確保する

assemblea 集会、会議

assi このように、これほど、だから

association 連合

atroce 残虐な

162

attacco 攻撃

attachar [-シャール]付加
する

attender (-tent-) 待つ、
侍る

attention 注意

attentive 注意深い

atterrar 着陸する

attinger 達する、達成
する

attractive 魅力的な

attraher (-tract-) 引き
付ける、魅了する

audir 聞く

auditorio 講堂、講義
室

augmentar 増加する

aure 耳

auro 金

authentic 本物の、信
頼し得る

autobus バス

auto(mobile) 自動車

autor 著者

autoritate 権限、当局

autumno 秋

auxiliar 補助の

avantage [-ジェ]

avante 前方で／に

avantia 先立ち
 in avantia 先立って

avantiar 先立たせる

avar 欲深い

ave 鳥

aventura 冒険

averter (-vers-)そらす、
かわす

avion 飛行機

azur 青色の

B

baca ベリー、実

bagage [-ジェ] 荷物

balancia 秤

balla ボール

ballon 風船

banca 銀行

banco ベンチ

banda テープ、帯

bandiera 旗

baniar (se)（自らを）浴
びさせる＝浴びる

banio 風呂、入浴

barra 格子

barriera 障害物

base ベース

basic 基本的な

basio キス

bassar 低める

basse 低い
 a basso 下方に
 in basso 下方で、階
下で

bastante 充分な／に

bastar 充分である

baston 杖、ステッキ、バトン

battalia 戦い

batter 打つ

belle 美しい

beltate 美しさ

ben 良く／上手に

beneficio 利益

benque, ben que
 ～ではあるが

benvenite 歓迎

berillos 眼鏡

besoniar 必要とする

biber 飲む

bibita 飲物

bibliotheca 図書館

bicyclo 自転車

billet チケット、キップ

blanc 白色の

blasmo 非難

blasphemar 罵る

blau 青色の

bloco ブロック

blonde 金髪の

bobina ボビン、スプール

bomba 爆弾

bon 良い、美味しい

bordo 甲板、縁、端

boteca 店

botta ブーツ

bottilia 瓶

bove 雄牛

bracio 腕

branca 枝、部門、分野

brave 勇敢な

breve 手短な

bricca レンガ

brillar 輝く

brossa ブラシ

brun 茶色の

bucca 口

bullir ゆでる

bureau 事務局、事務
 所、机

burla 冗談

button 芽、ボタン、ノブ

butyro バター

C

cabana 山小屋

cader (cas-) 落ちる

cadita 落下

163

caffe コーヒー、カフェ
calcar 蹴る
calcea ストッキング、タイツ
calcetta 靴下
calcular 計算する
calefaction 暖房
calide 暖かい、暑い、熱い
calmar 静める
calme 冷静な
calor 熱
cambiar 取り替える、交換する
　cambiar de 別の物と変える
cambio 交換
camera 部屋
camerada 同志
camerero ボーイ
camino 暖炉
camion トラック、ローリー
camisa シャツ、ブラウス
campana ベル
campania 田舎、キャンペイン
campo 野原、分野
can 犬
cancer 癌
candela 蝋燭(ろうそく)、点火プラグ
cantar 歌う
canto 歌
capace 能力ある
capillos 髪の毛
capital 頭の、主要な
capitano 船長、キャプテン
capite 頭
cappello 帽子

captivar 魅惑する
capturar 捕虜にする、魅了する
car 親愛なる、高価な
cardiac 心臓の
carga 負荷、任務、義務
carne 肉
carro キャリッジ、ワゴン
carta カード、地図
carton ボール紙、厚紙
casa 家
　a casa 家に／で
　in casa 家に／で
caseo チーズ
caso 事例、場合
　in tal caso そのような場合
cassa レジ
cassera 女子のレジ係り
casserola ソースパン
cata 各
catena チェーン
cathedra 演壇
catto 雄猫
cauda 尻尾
causa 原因
　a causa de ～が原因で
causar 引き起こす
cavallo 馬
cave 中空の、窪んだ
cec 盲目の
ceder (cess-) 譲る
cede
celar 隠す
celebrar 祝う
celebre 有名な

cellula 細胞
celo 天空、天国
cena 夕食
cento 百
central 中央の
centro 中央
cercar 探す
certe ある、特定の
certo 確かに
cessar 止める
characteristic 独特な、固有の
charme [シャルメ] 魅力
chassar [シャッサール] 狩る
chef [シェフ] リーダー、長、チーフ
chimic 化学の
choc [ショック] ショック
cifra 数字、暗号
cinctura ベルト、腰
cinere 灰
cinquanta 50
cinque 5
circa 約
circulation 交通
circulo サークル、円
circum ～の周囲
circumstantia 状況
citate 町
cive 市民
clar 明らかな
classe クラス
clauder (claus-) 閉じる
clave 鍵
clavo 釘、スパイク
clinica クリニック
cocer (coct-) 料理する、

164

焼く、ゆでる

cocina 台所、キッチン

coclear スプーン

cognoscentia 知識、馴染み

cognoscer (-gnit-) 知る、知っている

colla 糊

collapso 崩壊

collar 糊付けする、粘る

collection 収集（品）

collega 同僚

collider (-lis-) 衝突する

colliger (-lect-)集める

collina 丘

collo 首

color 色

colpo 打撃、発作

combinar 組み合わす

comenciar 始める、始まる

comic 滑稽な

commandar 注文する、命令する

commatrage [-ジェ] ゴシップ、噂話

commercio 商業、事業

commun 一般的な、共通の

communicar 意志疎通する

como ～の如く、～と同様に、如何にして

compania 会社、仲間

companion 相手役、コンパニオン

comparar 比較する

compartimento

仕切り客室

compatriota 同国人

compilar 編集する

compler 完成する

complete 完全な

comportar se 振る舞い

comprar 買う

comprender (-prens-) 理解する

computator コンピュータ

con ～と共に

concentrar 集中させる

concerner 関係する

concluder (-clus-) 結論付ける

condition 条件、状態

conducer (-duct-) 行う、運転する、導く

conferentia 会議

confidentia 信頼、自信

conforme a ～と合致して

confortabile 快適な

confunder (-fus-) 混乱させる

congresso 大会

conjectura 推測

connecter (-nex-) 接続する

conscie(nte) (de) ～を意識している

conscientia 意識、良心

consentir (-sens-) 同意する

consequente その結果生じる

per consequente 従って

conservar 保存する

considerar 考慮する

consilio 助言

consister de ～成り立つ

constante 一定の

constatar t 確定する

construer (-struct-) 建設する、構築する

contar 物語る、数える、当てにする

contente 満足している

contento 内容

continer (-tent-) 含む、記載してある

continuar 続ける、続く

conto 勘定、物語

contra ～に逆らって

contradicer (-dict-) 矛盾する

contrario 逆の

al contrario 逆に

contribuer (-tribut-) 貢献する

conveniente 便利な、都合の良い

convenir (-vent-) 都合が良い、一致する、合致する

convention 協定、合意

conversation 会話

converter (-vers-) 転換する、改心する

convincer (-vict-) 説得させる

coperculo カバー、蓋

coperir (-pert-) 覆う

copia コピー

corage [コラージェ] 勇気

corbe 籠

165

corda コード、ロープ、紐
corde 心
cordial 心からの
corio 皮
corona 冠
corpore 体
correcte 正しい
correlation 相関関係
correspondente
呼応する
corriger (-rect-)
正す、直す
corte 中庭、宮廷
cortese 慇懃な
cortina カーテン
cosa 物
costa 海岸
costar 経費が掛かる
costo コスト、経費
costume 習慣
coton 綿
crear 創造する
creder 信じる
crema クリーム
crescer 成長する、増加
する
crimine 犯罪
crise 危機
critar 叫ぶ
critic 批判的な、危機
的な
critico 評論家
crito 叫び
croc フック、鉤
cruce 十字架
crude 生の、未熟の
cruel 残酷な
cuje その物／人の
culmine クライマックス

culpa 罪
culpabile 有罪の
cultello ナイフ
cultivar 栽培／養殖す
る
cultura 栽培／養殖
cupro 銅
cura 世話、治療
curiose 奇妙な
currente 流暢な、現在
の
currer (curs-) 走る
cursa 走ること
curso コース
curte 短い
curva カーブ、曲線
cute 皮膚
cyclo サイクル

D

dama 婦人
damno 損害
dansa ダンス
dar 与える
data 期日
de 〜の、〜から
dea 女神
debatto 討論
deber 負う、〜ねばなら
ない
debile 弱い
debita 負債
decader 衰退する
dece 10
decider (-cis-) 決める
decime 10 番目の
decision 決定
declarar 宣言する
dedicar 捧げる

defender (-fens-)
防衛する
definir 定義する
del (de + le) その〜の
delegar 代表とする、委
託する
delegato 代表者、代表
団員
delphino イルカ
deman 明日
demandar 質問する、
要求する
demonstrar
実演／証明する
dente 歯
deo 神
departimento 部門
depost 〜以来、〜の後
derecto 正しい、権利
derider (-ris-) 嘲笑す
る
derivar 派生させる
descender (-scens-)
下降する
describer (-script-)
描写する、記述説明
する
desde 〜以来、〜から
designo デザイン、図案
desirar 切望する
desiro 切望
destino 運命
destruer (-struct-)
破壊する
detalio 詳細
determinar 確定する
detra （〜の）背後で／
に
devenir 〜になる

166

dext(e)ra 右
dext(e)re 右の
diabolo 悪魔
dicer (dict-) 言う
dictionario 辞書
die 日
differente 異なる
differentia 差異
difficile 難しい
difficultate 困難
digito 指
digne 価値ある、相応しい
diligente 勤勉な
diligentia 勤勉
diminuer 減らす、減る
dimitter (-miss-) 解雇する、解任する
dinar 正餐（昼食／夕食）
directe 直接の
direction 方向、指揮
diriger (-rect-)向ける、指揮する
disagradabile 不快な
disappunctar 失望させる
disco ディスク、ロコード盤
discoperir (-pert-) 発見する
discoragiar [-jarr] 思いとどまらせる
discrete 分別のある、如才のない
discurso 演説、講演
discussion 討論
discuter (-cuss-) 討論する、議論する
disfoliar 葉を落とす

disordine 無秩序
disparer 消える
dispender (-pens-) 費やす、浪費する
disperger (-spers-) 分散する、撒き散らす
disponer (-posit-) アレンジする、準備する
disputa 議論
dissolution 溶解、分解
distante 遠い
distantia 距離
distinguer (-stinct-) 識別する、目立たせる
disturbar 撹乱する、邪魔する
disveloppar 開発する、発展させる
disvestir 脱衣する
diverse 色々な
divertimento 娯楽
divider (-vis-) 分ける
divinar 推測する
doler 痛ませる
dolor 痛み
domicilio 住居
dominar 支配する、統制する
dominica 日曜日
domo 家
donar 差し上げる
dono お土産
dormir 寝る
dorso 背中
drappo 布
droga 薬
dubita 疑惑
ducer (duct-) 導く
dulce 甘い

dunque だから、さて
duo 2
dupar 騙す
duple 二重の
dur 硬い、苛酷な
durante ～の間
  durante que ～する一方
durar 続く、耐える

E
e 及び
  e ... e ～も、～も
ebrie 酔っ払った
ecce ほらここに～があるよ
ecclesia 教会
economisation 節約
edificio 建物
editar 出版する
edition 出版
educar 教育する
effective 効果的な
effecto 効果
effortio 努力
ego エゴ、私
electric 電動の
elegante 上品な
elementari 基礎の
elevar 持ち上げる
eliger (elect-) 選ぶ
embarassar 困惑させる
embryon 胎芽
emission 放送／放映
emotion 情緒
emplear 雇用／使用する
empleo 雇用／使用

167

energia エネルギー

enoio しつこい悩まし、退屈

enoiose しつこく悩ませる、退屈な

enorme 膨大な／甚大な

enthusiastic 熱心な

entrar 入る

entrata 入口

epocha 時代

equipa チーム

erecte 直立した

eriger (-rect-) 立てる、建てる

errar 間違える

error エラー、誤り

escappar 逃げる

espaventar 驚かす

esque 〜ですか？ is/are...?

essayo 随筆、試み

essential 本質的な

esser 〜である、〜にある／いる

essugar 拭く

est 東

establir 確立する

estate 夏

estimar 尊敬する、見積もる

estive 夏の

estranie 変な、外国（人）の

estraniero 外国人、外国

etage [-ジェ] 階（仏語）

etate 年齢

etiam 〜もやはり

eveliar 目覚めさせる

eveliator 目覚し

evenir (-vent-) 生じる

evento 出来事、行事

evidente 明らかな、明確な、明白な

evitar 避ける

ex 〜の中から

exacte 正確な

exaggerar 誇張する

examinar 検査／試験する

examine 試験

excambio 交換

excellente 素晴らしい、卓越した

excepte 〜を除き

excusa 詫び、言い訳

excusar 許す

exemplo 例

exequer (-ecut-) 実行する

exercer 開業する、行使する、尽くす

exercitar 訓練する、鍛える、練習する

exercitio 訓練、練習

exhaurir (-haust-) 使い切る

exiger (-act-) 要求する

exir 外出する、出発する

exister 存在する

exito 出口

exopero ストライキ

expectar 期待する

expedir 手早く片付ける、急送する

experientia 経験

explicar 説明する

exploder (-plos-) 爆発する

expression 表現

exprimer (-press-) 表現する

extender (-tens-) 拡張／拡大する、差し出す

exterior 外部の

extra 別途、〜とは別個に（加えて）

extracto 抜粋

extraordinari 特別の、臨時の

extreme 極端な

F

fabrica 工場

facer (-fact-) する、作る

facie 顔

facile 簡単な

facilitar 容易にする

facto 事実
　de facto 事実上

faller 失敗する

falta 欠陥、誤り、違反

fama 名声

fame 空腹

familia 家族

familiar （物が人に）馴染みのある、（人が物に）熟知している、親しい、馴れ合いの、馴れ馴れしい

farina 粉、食事

fatigate 疲労している

favor 好意
  per favor どうか／どうぞ
favorite お気に入りの
fede 醜い
felice 幸福な、幸運な
femina 女
fenestra 窓
feno 干草
fer 誇り高き
ferma 農場
feroce 獰猛な
ferro 鉄
ferrovia 鉄道
fico 無花果
fide 信頼、信仰
fidel 忠実な
fider 信頼する
filia 娘
filio 息子
filo 糸
fin 終わり
  a fin de ～（不定詞）するために
  a fin que ～（節）するために
final 最終的な
finder (fiss-) 裂く
finir 終える、終わる
firme しっかりした
fixar 固定する、決める
fixe 固定した
flamma 炎
flecha [-sh-] 矢
flecter (flex-) 折る
flor 花
flottar 浮く
fluer (fluct-) 流れる

fluvio 川
focar 囲炉裏端
foco 火
foder (foss-) 掘る
folio 葉
folle 狂気の
fonte 源、泉
foramine 穴
forar 穿つ、穴を開ける
foras 外
foreste 森
forma 形
formar 形成する
formulario 書式
fornir 供給する
forsan 多分
fortalessa 要塞
forte 強い
fortia 力
fortiar 強いる
fortuna 運命、財産
fracassar 粉砕する
fractura 破壊
franger (fract-) 破壊する
frappar 打つ
fratre 兄弟
fraude 詐欺
frequentar 足繁く通う
frequente 頻繁な
fresc 涼しい、新鮮な
fricar 擦る
frigide 冷たい、寒い
frigor 冷たさ、寒さ
frir 油で揚げる
fronte 額（ひたい）
frontiera 国境
fructo フルーツ

fruer (fruct-) (de) 享受する
frumento 小麦
fugir 逃げる
fugita 逃亡
fuligine 煤（すす）
fulmine 雷、雷鳴と稲光
fumar 喫煙する
fumo 煙
funder (fus-) 溶かす
fundo 底、背景
fur 泥棒
furchetta フォーク
furiose 凶暴な
futur 将来の
fusil 銃

G
gallo 雄鶏
gamba 脚
gambon ハム、豚の腿肉
ganiar 勝つ、稼ぐ、得る
garantir 保証する
garrular 喋る
gauder (de) ～を喜ぶ
gaudio 喜び、嬉しさ
gelar 凍る
gena 頬（ほお）
general 一般的な
generation 世代
genere 種類、性別
generose 気前の良い
geniculo 膝（ひざ）
genitores 両親、先祖
gente 人々
genuin 純正の
geographic 地理的な

169

geologia 地質学
gigante 巨大な
girar 回転する
glacie 氷
glissar 滑る
glutir 呑み込む
gonna フロック、ガウン
governamento 政府
governar 舵を取る、支配する
grado 段、水準、等級
gradual 段階的な
grammatica 文法
grande 大きな
grandor サイズ、偉大さ、雄大さ
grano 穀物、穀粒
granpatre 祖父
grasse 脂肪の多い
grate 感謝している
gratias 有難う
gratuite 無料の
grave 重大な、深刻な
gris 灰色の
grossier 荒い、手荒い
gruppo グループ
guanto 手袋
guarda ガード(マン)
guastar 無駄にする
guerra 戦争
guidar 案内する
gumma ゴム
gustar 味わう、物が誰かに気に入られる(誰かが物を好く)
gutta 雫／滴(しずく)
gutture 喉(のど)

H
haber 持つ
habile 有能な、熟練した
habitante 住民
habitar /in/ ～に住む
habito スーツ
hacha [-sh-] 斧
halito 息
haltar 停止させる、停止する
hasardo 偶然、リスク
hastar 急ぐ
haste 急ぎ
herba 薬草、草
hereditar 相続する、遺伝する
heri 昨日
heroe 英雄
hesitar 躊躇する
hiberno 冬
hic ここに、ここで
historia 歴史、物語
hodie 今日
homine 男、人
honeste 正直な
honor 名誉
hora 一時間
 de bon hora (朝等に)早く
horologio 柱／置き／腕時計
horribile 恐ろしい
hospital 病院
hospite 客
hospitero 主人
hotel ホテル
human 人の

humano 人
humero 肩
humide 湿った、濡れた
humile 謙虚な、質素な
humor ユーモア

I
i.a. (= inter altere) 特に、なかんずく
i.e. (= isto es) つまり、即ち
ibi そこ、あそこ
idea アイディア、創意、概念
identic 同じ
idioma 民族又は地域に固有な言語、慣用表現
idiota 馬鹿者
ignorar 知らない、無視する
il それ(非人称代名詞)
 il ha ある
illa 彼女
ille あの(指示形容詞)
ille 彼・は／が
illes (illas, illos) 彼等／彼女等／それら・は／が
illo それ・は／が
illustration イラスト、図示
imaginar 想像する
imagine 画像
imbraciar 抱く
imitar 真似る
immediate 即刻の
immerger (-mers-) 漬ける、浸す、沈める

170

immunde 汚い

impatiente 忍耐心のない

impedir 妨害する、防ぐ

imperativo 命令法

importante 重要な

importar 重要である
 non importa
 構わない

impossibile 不可能な

impressionar 印象付ける、感銘を残す

imprimer (-press-)
 印刷する

in ～の中に、において

incatenar 鎖に繋ぐ、制約する
 自分の舌を抑える

incendio 火災

includer (-clus-) 含む

incognite 未知の

incontrar 会う

incontro 会合、デート

incoragiar [-ジャール]
 励ます

incredibile 信じられない

indicar 示す、指摘する

indiscrete 無分別な

indiscutibile 議論の余地ない

inducer (-duct-) 誘引する、誘導する

industria 産業

inevitabile 不可避の

inexpectate 予想外の

infante 乳児、幼児、子供

infantia 乳児期、幼児期、子供の時期

infectar 汚染する、感染させる

inferior 劣る

inferno 地獄

infinitivo 不定詞

infirmera 看護婦

inflar 膨らす、空気等を入れる

influentia 影響

informar 知らせる

infra 下に／で

ingeniero 技師

inimico 敵

initiativa 率先、指導権

initio 開始 (時期)

injuria 損傷

innumerabile 無数の

inquiete 不安な、不穏な

insecto 虫

inseniar 教える

insimul 一緒に

inspirar 霊感を与える

instruer (-struct-)
 指導する

instrumento 道具

insula 島

integre 全体の

intelligente 知的な

intender (-tent-/-tens-)
 意図する、つもりである

inter ～の間で／に

interesse 興味、利子

interior 内部の

international 国際的な

interprender (-pris-)
 企てる

interprisa 企業

interrrar 埋める

interrumper (-rupt-)
 中断する

intertenimento
 もてなし、娯楽

intra （～の）内部で／に

introducer (-duct-)
 導入する

inusabile 使用不可能な、役立たずの

inusual 異常な

inveloppe 封筒

invenito 収入

inviar 送る

invidia 羨ましさ

invio 郵便物、託送品

invitar 招く

io 私

ipse (him/her/my/...) 自身

ir 行く

ira 怒り

iste この、これらの

isto これ

J

jacer 寝そべる、地下に眠る

jachetta ジャケット、コート

jalne 黄色

jam 既に

jardin 庭園

jectar 投げる

jentaculo 朝食

jentar 朝食を取る

jocar 冗談を言う、遊ぶ

joco 冗談、ゲーム
joculo 玩具
joiel 宝石類
jornal 新聞
　定期刊行物
jorno 一日、日中
jovedi 木曜日
judicar 判断する、判決
　する
judice 裁判官
juncte 繋がれた、加え
　られた、添付された
junger (junct-) 繋ぐ、
　加える
jurar 誓う
jure 公正、法律
juste 正しい、公正な、
　正確な
justitia 正義
justo ちょうど、正に
juvene 若い
juventute 若さ、若い時
　期
juxta ～の直ぐ隣に

K
kilometro km.

L
la 彼女を、彼女に
labio 唇
labor 仕事
lacerar 引き裂く
laco 湖
lacrima 涙
lacte ミルク
lamentar 嘆く
lamina 刃先、薄片
lana 羊毛

lancear 投げる、発射
　する
large 広い
las 彼女等を／に
lassar させる、置き去り
　にする
latere 側
latino ラテン語
laton 真鍮、黄銅
latta 金属板、缶詰
laude 称賛
lavar 洗う
laxe 弛んだ
le 彼を、彼に
le その（定冠詞）
lection レッスン
lecto ベッド
lector 読者
lectura 朗読
lege 法律
leger (-lect-) 読む
legier [-ジェール] 軽い
legumine 野菜
lente 遅い
les 彼等を／に
lettera 手紙
levar 揚げる、持ち上げ
　る
　levar se 起床する、起
　きる
leve 軽い
libere 自由な、空いた
libro 本
licite 合法的な、許され
　ている
ligamine 連結、絆
ligar 縛る、繋ぐ
ligno 木材

limine 敷居
limitar 制限／制約す
　る
limite 限界
linea 線、ライン
lingua 舌、言語
lisie 滑らかな、円滑な
litore 海岸
littera 1. 文字 2. 手紙
litteratura 文献、文学
livrar 配達する
lo それを、それに
locar 置く、位置付ける、
　貸し出す
loco 場所
longe 長い
longitude 長さ、経度
lontan 遠い
lor 彼等の、それらの
los それらを／に
lucta 闘争、喧嘩
lucto 喪
lumine 光
luna 月
lunch [-sh] ランチ
lunedi 月曜日
luxo 奢侈、豪華

M
ma しかし
macellero 肉屋の主人
macula 斑点
maestro マスター、オーナー
magazin 店、雑誌
magne 偉大な
magre 痩せた
major より大きな、主要
　な
mal 悪い

malade 病気の

maladia 病気

malgrado ～にも拘わらず

mancar 欠けている、（い）なくて寂しい

manco 不足、欠落

mandar 送る

manear 取り扱う

mangiar [-ジャール] 食べる、食物

maniera 方法

manifestar 明らかに示す、表明する

mano 手

mantello マント、コート

mantener 維持する、主張する、支持する

manual マニュアル、教科書

manuscripto 原稿

mar 海

marcar 目印を付ける

marcer 枯れる

marchar [-sh-] 行進する

marita 妻

maritage [-ジェ] 結婚

marito 夫

marmita 深鍋

martedi 火曜日

martello ハンマー

mascule 男性の

materia 物質、材料

maternal, materne 母の

mathematica 数学

matino 朝

matre 母

matur 熟した

maxime 最大の

me 私を／に

media 平均

medicamento 医薬品

medicina 医学

medico 医師

medie 半分の、平均の

mediedie 正午

medietate 半分

medio 真中、平均、手段

melio より良く

melior より良い

membro 会員、四肢の一つ

memorar 思い出す、記憶している、記憶する

menacia 脅威、恐喝

mense 月

mensual 月間の

mente 心

mentionar 言及する

mentir 嘘をつく

mentita 嘘

menu メニュー..

meraviliose （驚異的に）素晴らしい

mercato 市場、マーケット

merce 商品

mercuridi 水曜日

meridie 正午

mesme 同じ、自身

lo mesme 同じ物／事

mesmo さえも

non mesmo さえも～

でない

message [-ジェ] メッセージ

mestiero 職業

mesura 測定

methodo 方法

mi 私の

micre 小さな

mille 千

million 百万

mineral 鉱物（を含む）

minime 最小の

minimo 最小限

minor より小さな

minus より少ない

al minus 少なくとも

minuta 分

miscer (mixt-) 混ぜる

mitter (miss-) 置く

mixtura 混合（物）

mobile 移動性の

mobiles 家具

moda ファッション、流行

moderne 近代的な

modeste 謙虚な、質素な

modic 手頃な、妥当な

modo モード、方法

molestar 煩わす、悩ます

molino 粉挽き・器／小屋

molle 柔らかい

momento 瞬間、モーメント

moneta 小銭、金銭

monstrar 見せる

montania 山

montar 登る、乗る

morbo 病気

173

morder (mors-) 噛む
morir (mort-) 死ぬ
morsura 噛むこと
morte 死んだ、死
mover (mot-) 動かす
multe 多量の、多数の
multitude 多量、多数、群集
multo 大いに、とても
munde 清潔な
mundial 世界規模の
mundo 世界
murmurar ぶつぶつ言う
muro 壁
musca ハエ
musculo 筋肉
musica 音楽
mute 無言の、口がきけない、無音の
mysteriose 神秘的な

N

nam 何故ならば
narrar 物語る、話す
nascentia 誕生
nascer (nat-) 生まれる
naso 鼻
Natal クリスマス
natar 泳ぐ
nation 国家
natura 自然
naturalmente 勿論
nave 船
navigar 航海する
nebula 霧
necar 溺死させる
necessari 必要な
necessitate 必要性

necun 一つも、一つの〜も
negar 否定する
negliger (-lect-) 怠る、疎かにする
negotio 交渉、取引
nemo 誰も
nepote 孫、甥
nervose 緊張している
nette 清潔な
ni ... ni 〜も、〜も〜でない
nido 巣
nigre 黒色の
nihil 何も〜でない
nive 雪
nivello レベル、水準
no いいえ
nocer 害する、損傷を負わす、傷付ける hurt
nocte 夜
nodo 結び目
nomine 名前
non 〜で/し・ない、非/不〜
none 9番目の
nonne? そうではないですか?
nord 北
nos 我々・は/が/を/に
nostre 我々の
nota 成績、点数、メモ、紙幣
    nota de banca 紙幣
notar 気付く、注目する
notitia 通知、記事
nova ニュース

novanta 90
nove 新しい
    de novo 新たに、再度
novem 9
nube 雲
nuce 木の実
nude 裸の
nulle いずれの〜も〜ない
numero 番号
numerose 多数の
nunc 今
nunquam 決して〜で/し・ない
nutrir 養う、栄養を与える

O

o 又は
    o ... o 〜か〜かの二つに一つ
obedir 服従する
objectar 反対する
objecto 対象、目的語
oblidar 忘れる
obra 作業、作品
obrero 労働者、作業員
obscur 暗い、不明瞭な、世に知られざる
obtener (-tent-) 得る
occasion 機会、理由
occider (-cis-) 殺す
occupar 占拠する
    occupar se de 〜に従事する
occupate 忙しい
occurrer 発生する
oceano 海洋

174

octanta 80
octave 8番目の
octo 8
oculo 目
odio 憎しみ
odor 香り、匂い
offender (-fens-) 気分を害する、侮辱する
offensa 気分を害する・行為／物
offerer (-fert-) 提供する
offerta 提供・行為／内容
officio 事務所
oleo 油
olfacer (-fact-) 匂いを嗅ぐ
olim 前に／今後・一度
omne 全ての
on (一般の／特定の)人は／が
opinar ～という意見を持つ
opinion 意見
opponer (-posit-) 対立させる
opposite 反対側の
opposito 対立する・物／者
optime 最良の
ora さて(この時点で)、今、ある時は～、またある時は～
orator 話し手、演説者
ordinar 整理する、並べる、命令する
ordinari 普通の

ordine 命令、秩序
organisar 組織／計画／段取り・する
organo 器官、機関
orgolio プライド、誇り
origine 源
osar 敢えて～する
oscitar あくびをする
osso 骨
ovo 卵

P
pacco, pacchetto 包み、小包
pace 平和
paga 給料、賃金
pagar 払う
pagina ページ
pais 国
paisage [-ジェ] 風景
pala スコップ
palea 藁
pallide 蒼ざめた
palo 杭、ポール
pan パン
panico パニック
pannello 布地、ハンカチ
pantalones ズボン
papiro 紙
par ペア
parcar 駐車する
parco 公園
pardono 許し、済みません
parentes 両親、親戚
parer 現れる、～に・見える／思える
parlar 話す
parola 単語

parte 部分
partir 出発する
partita 出発
partito 政党
parve 小さな
passagero [-ジェ-] 乗客
passar 過ごす、過ぎる
passato 過去、過去時制
passo ステップ、ペース
patata ジャガイモ
patiente 忍耐強い
patre 父
pauc 少量の、少数の
pausa ポーズ、休憩
pavor 恐怖
peccar 罪を犯す
pecia 一片
pectine 櫛(くし)
pectore 胸
pecunia 金銭
pede 足
pejo より悪く
pejor より悪い
pelle 皮膚、皮
pena 痛み、苦労、面倒
a pena 殆ど～で／し・ない
pender (-pens-) ぶら下げる
pensar 思う
pensata 思考
per ～・により／を通じて
perder 失う
perdita 損失
perfecte 完全な
periculo 危険

175

periodico 新聞、
定期刊行物
periodo 期間
perla 真珠
permitter (-miss-)
許可する、許す
persona 人
pertiner 所属する
pesante 重い
pesar 〜の重さがある
peso 重さ
pessime 最悪の
peter 〜・を請い求める
／が欲しいと・頼む／
せがむ
petra 石
phoca アザラシ、アシカ
phrase 句、文章
piccar 刺す
pictura 絵
pigre 怠惰な
pinger (pict-) 塗る、描
く
pira 梨
pisce 魚
pista 足跡、痕跡、競技
場のトラック
placer 喜び、喜ばす
placia 広場
plagia 浜辺、ビーチ
plan 低い、水平な、平
らな
planca 本棚、厚板
planger (planct-)
不平を言う
plano 計画
plastico プラスチック
platte 低く平らな
platteforma プラットフォー

ム
platto 皿、料理
plen いっぱい
plenar 満たす
plorar 泣く
pluma 羽毛
plumbo 鉛
plure 複数の、いくつか
の
plus より多くの
non ... plus もはや〜
で／し・ない
pluver 雨が降る
pluvia 雨
pneu タイヤ
poc 少ししかない、殆ど
ない
un poco 少量／少数・
（の）
policia 警察
polir 磨く
polite 礼儀正しい、丁
寧な
pomo 林檎
poner (posit-/post-)
置く
ponte 橋
popular 人気ある
population 人口
populo 人々、民族
porta ドア
portar 担う、運ぶ carry
porta-voce スポークスパー
スン、代弁者
porto 港、港湾
posseder (-sess-)
所有する、マスターして
いる
possibile 可能な

post （〜の）後／裏・で
behind
posta 郵便局
postea 後で
posterior 後／裏・の
postero 郵便配達員
postmeridie 午後
posto 部署、持ち場、場
所、地位
postponer (-posit-)
延期する
potentia パワー、力
poter できる
povre 貧しい、不運な
practic 実践／実用・的
な
prandio ランチ
precar 祈る、懇願する
prece 祈り
preceder (-cess-)
先行する
precio 価格
a precio alte 高価な
a precio basse 安価な
preferer より好む
premer (press-) プレス
する、圧力を掛ける
premio reward, prize
prender (prens-)
to take
preparar to prepare
presentar to present
presente present
presentia presence
presidente 議長
pressa プレス、報道陣
pressar 押す
pressate 急いで
presso の近く
a presso de

~の自宅で

prestar 貸す
　facer se prestar
　借りる
preste 用意がある
presto 急いで
pretender (-tent/-tens-)
　主張する
preter ～を通り過ぎて
prevenir (-vent-)
　機先を制する
previe 以前の
primavera 春
prime 最初の
primo 最初に、先ず
prioritate 優先
prision 牢屋
pro ～のために、～す
　るために
probabile 確かそうな
probar 試みる
problema 問題
producer (-duct-)
　生産する
producto 製品
professor 教授
profunde 深い
programma プログラム
progreder (-gress-)
　進歩する、前進する
progresso 進歩
prohibir 抑制する、禁
　止する
projectar 計画／企画・
　する
promenada 散歩(道)
promenar 散歩させる
promissa 約束
promitter (-miss-)

約束する

pronomine 代名詞
pronunciar 発音する
proponer (-posit-)
　提案する
proprie 自らの
proprietate 財産、資産
proque 何故、なぜなら
　ば
prospere 繁栄している
proteger (-tect-)
　保護する
protesto 抗議
prova 証明、試み
provar 証明する、試み
　る
proverbio 諺
provocar 挑発する
proxime 次の、最寄の
prudente 分別ある
public 公共の
publicar 発表／公表
　／公開／出版する
publico 民衆、聴衆、観
　衆
puera 少女
puero 少年
pugno 拳骨
pulsar 押す
pulvere 粉、白粉、火薬
puncta 先端
puncto 点、ポイント
punger (punct-) 指す
punir 罰する
pupa 人形
puteo 井戸
putrer 腐る

Q

quaderno ノートブック、帳
　面、小冊子
quadro 枠、フレーム
qual どれ
qualcosa 何か
qualcunque 如何なる
　～も
qualitate 特性、品質
quando いつ
quandocunque いつも
　～する時は
quante どれほど多量／
　多数の
quanto どれほど多く
　quanto ... tanto ～す
　ればするほど
quaranta 40
quarte 4番目の
quasi 殆ど
quatro 4
que ～より、～ということ、
　それ・は／が／を、そ
　の人を
　which,　whom　*(rel.
　pron.)*
que...? 何...?
quecunque 何であれ
querela 不平、喧嘩
question 質問
qui 誰が
　de qui 誰・の／ついて
quiete 静かな、冷静な
quinte 5番目
quitar 解放する、去る、
　止める
quotidian 日常の
quotisation 会員費

177

R

rabie 怒り

radice 根、語根、語源

radio ラジオ

rana 蛙

rango 列、地位、ランク

rapide 速い、素早い

rar 稀な、例外的な

rasar se （自らの）髭を剃る

rasorio 剃刀（カミソリ）

ration 理性、理由、道理

　haber ration 正しい（直訳:道理を持つ）

rational 道理に適った、合理的な

re 〜に関・して／する

realisar 実現する

recente 最近の

recerca 調査

reciper (-cept-) 受け取る

recognoscer (-gnit-) 認識する

recommendar 推薦する

recte 真っ直ぐな、正直な

refrescar se 自分の気分を・爽やかに／元気に・する

refusar 拒否する

rege 王

reger 支配する

regina 女王

region 地域

registrar 記録する

registro 記録

regno 君臨、統治、王国

regratiar 感謝する

regrettabilemente 不運なことに

regrettar 後悔する、残念に／気の毒に・思う

reguardar 見詰める、看做す

regula 規則

regular 規則的な

reimpler 再び満たす、記入する

relative 関係を示す

remaner 残る、〜ままである

remar 漕ぐ

remarcabile 顕著な

remarcar 気付く

remediar 救済／治療・する

rememorar 想起させる

render 〜にする

reparar 修理する

repasto 食事

reper (rept-) 這う creep

repeter 繰り返す

replicar 返答する

reporto 報告

reposo 休憩

reprehender (-hens-) 非難する

reprochar [-sh-] 責める、とがめる

reservar 保存する

resolute 決意している

resolution 決意

resorto バネ

respecto 尊敬、尊重

responder (-spons-) 返事／反応・する

responsa 返事、反応

responsabile 責任ある

restar 残る、留まる

restaurante レストラン

resto 残りの部分

resultato 結果

retardamento, retardo 遅延

　in retardo 遅刻している

rete ネット、ネットワーク

retener (-tent-) 保持する

retornar 返す

retro 〜前に

revenir 戻る

revider (-vis-/-vist-) 再び・見る／会う、見直し／改定・する

revista 定期刊行物

ric 豊かな

richessa 富

rider (ris-) 笑う

rigide 強張った、剛性のある

risco リスク

riso 笑い

riviera 川

rivo 小川

roba ドレス、着物

robar 強奪する、こそこそ盗む

rocca 岩

rolar 転がる

ronde 丸い

rosa バラ

rosiero バラの茂み
rota 車輪
rubie 赤い
ruito 騒音、雑音
rumper (rupt-) 壊す

S
sabbato 土曜日
sablo 砂
sacco 袋
sage [-ジェ] 賢い
saison 季節
sal 塩
sala ホール、大広間
salin 塩分を含む
salon 居間、サロン
salsicia ソーセージ
saltar 跳ぶ
salutar 挨拶する
salute 挨拶
  salute! やあ、こんにち
  は!
salvage [-ジェ] 野生的
  な
salvar 救助する
salvo ～を除き
san 健康な
sancte 聖なる
sanguine 血
sanitate 健康
saper 知っている
sapon 石鹸
sapor 香り
sasir 掴(つか)む
satis 充分に
satisfaction 満足させる
  行為、満足している状
  態
scala 階段、スケール

scalia 鱗(うろこ)、湯垢、
  歯石、鱗粉
scarpa 靴
scena シーン、ステージ、場
  面
schola 学校
scientia 科学
scopa 箒(ほうき)
scopo 目標、狙い、目
  的
scriber (script-) 書く
scriptorio 机
scuto 盾
se 自身・を／に
secale ライ麦
secar (sect-) 切る
secrete 秘密の
secreto 秘密
seculo 世紀
secunda 秒
secunde 2番目の
secundo ～に従い
secur 確信している、安
  全な
sed しかし
sede 座席
seder (sess-) 座る
sedia 椅子
seliger (-lect-) 選ぶ
semblar 見える、思える
semi- 半
semine 種(たね)
sempre いつも、常に
senior (sr.) 紳士、～・さ
  ん／氏
seniora (sra.) 婦人、淑
  女、奥様、～・さん／
  夫人／女史

senioretta (srta.) 未婚
  の女性、～・さん／女
  史
sensibile 敏感な
sensate 敏感な、センスの
  良い、常識がある、道
  理な適った
senso 感覚、意味
sentiero 細道、小道
sentimento 感情、情緒、
  感傷
sentir (sens-) 感じる、
  知覚する
separar 分離する
septanta 70
septe 7
septimana 週間
septime 7番目の
sequer (secut-) 従う
seriose 深刻な、重大な
sero 血清
serra 鋸(のこぎり)
serrar ロックする
serratura ロック
serreria 製材工場
servicio サービス
servir 奉仕／給仕・す
  る、(飲食物を・)出す
  ／差し上げる
servitor ウェーター
session 会議、開会
seta 絹
sete 喉の渇き
sever 厳しい
sex 6
sexanta 60
sexo 性、性別
sexte 6番目の
si はい、それほど、もし

179

si ... como ～と同様に ～・だ／する

si ... que 余りにも～なので、～・だ／する

sia ... sia ～であるか又は～だ、～するか又は～する

sibilo 警笛、口笛

sic 乾燥した

siccar 乾燥する

signatura 署名

significar 意味する

signo 署名、サイン、目印

silente 沈黙している、静寂な

silentio 沈黙、静寂

silva 森

simia 猿

simile 似ている

simple 簡単な

sin ～なしで

singule single

si-nominate いわゆる

situla バケツ

sobrie しらふの

social 社会的な

societate 社会

socio パートナー、仲間

sojorno 滞在

sol 太陽、一人の／で

solemne 荘厳な

soler 普段～する

solide 固体の、しっかりした

solmente だけ、のみ

solo 床面、地面、土地

solo だけ

solution 解決

solver (solut-) 解決する

somno 睡眠

somnolente 眠い、催眠の

sonar 鳴らす、響く、演奏する

sonio 夢

sono 音

soror 姉妹

sorta 種類

sorte 運命、くじ引き

sortir 出かける

sovente しばしば

sparniar 節約する、助命する

spatio スペース

special 特別な

specie 種類、スパイス

spectar 眺める

speculo 鏡

spero 希望

spina 脊柱、棘(とげ)、背骨

spino 棘、茨の藪

spinula ピン

spirar 呼吸する

spisse 厚い

sport スポーツ

stadio ステージ、スタジアム

stagno 池、水溜り、淀んだ水

stanno 錫(すず)

star 立っている

station 駅

stato 国家、州、状態、地位、身分

stella 星

stilo スタイル、鉛筆

stoppar 止める、止まる、塞ぐ

strata 道路

strato 層

strepito 騒音

stricte 厳格な

structura 構造

studente 学生

studiar 学ぶ

studio スタジオ、仕事場、アトリエ、工房

stupide 馬鹿な

su 彼の、彼女の、それの

le sue 彼の物、彼女の物、それの物

sub ～の下・で／の

subite 突然の

subito 突然(に)

subjecto 主語

sublevar 持ち上げる

substantivo 名詞

succeder (-cess-) 後を継ぐ、成功する

successo 成功

succo 汁、果汁、ジュース

succussa 揺らし、揺らぎ、揺れ、振動

succuter (-cuss-) 揺らす、振り落とす

sucro 砂糖

sud 南

sudor 汗

suer (sut-) 縫う

sufficer 充分である

sufficiente 充分な

suffixo 接尾辞

sufflar 囁く、吹く
sufflo 囁き、吐息
suffocar 窒息させる
suffrer 蒙(こうむ)る
suger (suct-) 吸う
suggestion 示唆、催眠暗示
super 〜上で／に、〜を超えて／凌駕して、〜に関・して／する
superar 克服する、凌ぐ、勝る
superficie 表面
superflue 余分な
superior より優れた
suppa スープ
supponer (-posit-) 推測する
supportar 支える、耐える
supra （〜を）超えて／越えて
sur 〜の上・で(の)／に・、〜に関・して／する
surde つんぼの
surprender (-pris-) 驚かす
surprisa 驚き、サプライズ（意表を突く行為／物）
surrider (-ris-) 微笑む
surriso 微笑み
suspirar 溜息をつく
suspiro 溜息
sustener (-tent-) 支持／維持・する
susurro つぶやき、さらさら音、ブンブン音、カサ

カサ音
sympathic 感じの良い
synopse 概要

T

tabaco タバコ
tabula テーブル
tacer 沈黙する
tal そのような
taliar 切る
talon 踵(かかと)
tamben 〜もやはり
tamen しかしながら
tante それほど多量の／多数の
tanto それほど
　tanto ... como 〜と同様に〜だ／する
tapete 絨毯、カーペット
tarde 遅い
tasca ポケット、バッグ
tassa カップ
taxa 税金
taxi タクシー
te 君
technica 技術
tecto 屋根、天井
tela 布地
telephonar 電話する
telephono 電話
television テレビ
temperamento 気質、気分
tempesta 悪天候
tempore 時間、天気
tenace 頑強な
tender (tens-) 張り出す
tener (tin-/tent-) 保持／維持・する

tenere 柔らかい、デリケートな、優しい
tentar 試みる
tentativa 試み
tenue 薄い
terra 地球、土地、土
terreno 土地、地盤
terrer 驚かす
terribile 恐ろしい
tertie 3 番目の
teste 証人
texer (text-) 織る
texito (woven) 織物、布地
texto 本文
the 茶
theatral 演劇的な
thema テーマ、課題
timbro 切手
timer 恐れる
timide 臆病な
timor 恐怖
tinta インク
tirar 引く
titulo タイトル
toccar 触れる
tocco 接触
tonar 轟(とどろ)く
tonder (tons-) （鋏で)カットする
tonitro 雷を伴った嵐
tono トーン、調子
tornar 回す、向ける
torquer (tors-/tort-) 捻(ねじ)る
torta パイ、ケーキ
torto 誤った
tortuca 亀

181

tosto 直ぐに
  plus tosto 寧ろ、どちらかというと
tote 全ての
totevia それでも
toto 全て
tour ツアー
trabe 梁
tracia 形跡、足跡
tractar 取り扱う、もてなす
tracto 期間、距離
traducer (-duct-) 翻訳する
tragic 悲劇的な
traher (tract-) 引っ張り
trainar 引きずる、訓練する
traino 列車
trair 裏切る
trans 〜を・超えて／横切って
transir 渡って行く、横切る、突っ切る
transmitter (-miss-) (力や情報を)伝える、送信する
transverso 幅
  a transverso (de) 〜を通じて
travalio 仕事
tremular, tremer 震える
trenta 30
tres 3
tribuna 演壇
triste 悲しい
tritico 小麦
troppo 余りにも多く

(の)
trovar 発見する
  trovar se 〜に・ある／いる
tu 君、君の
  le tue 君の物
tubo チューブ、管、パイプ
tumba 墓
tunc その時、それなら、その場合
turba 群集
turre タワー、塔
tussir 咳きをする

U
ubi どこ・で／に
ubicunque どこでも
ubique でこでも
  everywhere
ulle 何等かの、如何なる〜も
ulterior それ以上の
ultime 最後の
ultra (〜を)超えて
umbra 影、日陰
un 一つの
unda 波
unir 統合／統一・する
universitari 大学の
universitate 大学
universo 宇宙
unquam かつて、そもそも
urban 都市の
urbe 都市
urgente 緊急の
usar 使用する
uso 使用、用法、用途
usque (a) 〜に至るまで

usual 通常の、いつもの
utensile ツール、道具
utile 役立つ
utilisar 利用する
uva 葡萄

V
vacantia(s) 休暇、バカンス
vacca 牝牛
vacue 真空の
vader (vas-) 行く
vagar 彷徨う、徘徊する
valer 価値がある、有効である
valle 谷、渓谷
valor 価値
valvula バルブ、弁、蛇口
van 空しい、空虚な、うぬぼれの強い、無駄な、無効な
variar 変動する
varie 色々な
vaso 花瓶
vaste 広大な
vegetal 野菜
vehiculo 自動車
vela 帆
velo ベール、軟口蓋
velocitate 速度
vena 静脈
vender 売る
vendita 販売
veneno 毒物
venerdi 金曜日
vengiar [-jarr] 報復する
venir (vent-) 来る

182

vento 風
ventre 腹部
ver 真実の、本当の
verbal 動詞の
verbo 動詞
verde 緑色の
verdura 青野菜
vergonia 恥、羞恥心
verificar チェックする、確かめる
verme 虫
verso 〜に向けて、約〜頃
verter (vers-) 回す、向ける
vespere 夕方
vestimento 衣類
vestir se 着る、着衣する
vetere, vetule 年老いた
via 道路、道、経由
viage [-ジェ] 旅行
viagiar [-ジャール] 旅行する
vice 〜回／度、〜の代わりに
a vices 時々
vicin 近隣の、近所の
vicino 隣人
victima 犠牲者
victoria 勝利
vider (vis-/vist-) 見る
vidua 寡婦
vigilar 寝ずに見張る、警戒する
village [-ジェ] 村
vincer (vict-) 勝つ
vino ワイン

vinti 20
violente 暴力的な、荒れ狂った
virga 棒、杖
viro 男
visar 狙う、目指す
visita 訪問
visitar 訪問する
vista 眺め、見解
viste que 〜という点を考慮すると、〜だから
vita 命、生活
vite ネジ
vitro ガラス
vive 生きた、活動的な
viver 生きる
vivificante 活気付ける
vocabulario 語彙
vocabulo 単語
vocar 呼ぶ
voce 声
volante ハンドル
volar 飛ぶ
voler 〜したい、〜を望む
volo 飛行
voluntarie 自発的な
voluntate 意志
volver 巻く
vos 貴方／貴方達／君達
vostre 貴方の／貴方達の／君達の
voto 投票
vulnerar 傷つける
vulnere 傷

west 西
zelo 熱意、情熱
zero ゼロ
zoologia 生物

W, X, Y, Z

183

インテルリングア語の紹介/
INFORMATIONES RE INTERLINGUA
インテルリングア語は欧州諸語への扉を開く鍵です

日本人は何故インテルリングア語を学ぶ必要があるのか?

この疑問に対する簡単な答えは:何故ならばインテルリングア語はヨーロッパを起源とする全ての言語に共通な国際語彙から成り、その極めて簡単な文法は一般的な欧州諸語の文法を反映した物であるからです。インテルリングア語を学ぶことは他の欧州諸語を学ぶ上で役立つ語彙を獲得する最も簡単な方法です。

これに対する説明は下記の通りです。印欧語の一つであるラテン語は2000年前にローマ帝国の言語であったが、ヨーロッパ領域内の全ての教養ある人々の間で意思疎通の手段として多数の世紀に亘り役立って来ました。科学者、政治家、カトリック教会は皆ラテン語で国際的に意思疎通して来ました。しかも、最も重要なことには程度に差はあるものの全ての欧州言語にラテン語からの借用語が取り込まれて来ました。

私達がインテルリングア語と呼んでいるのはこの「生き延びているラテン語」なのです。

本書の目的は以下の通りです:

最も頻繁に使用される国際語根並びに極めて簡単な文法を教えること。この文法はインテルリングア語が意思疎通の手段、政治的に中立の国際補助言語、として使用されるのを可能にしています。

1. イタリア、スペイン、ポルトガル及びラテンアメリカの人々との基本的な接触を得ること。6億以上の人々がこれらの言語を母国語としています。

2. 日本人の学習者が自ら精通している分野で雑誌及び書籍が読めるようにすること。これは勿論辞書に幾分か頼りながらのことです。

3. 科学者の場合:事実上、自らの分野でならインテルリングア語を事前学習なしでも理解するというような特定分野における世界中の相当数の読者層に向けた科学的及びその他の情報を公開すること。この読者層にはフランス語及び英語を話す科学者、つまり更に4億の人口の内の科学者、を含めることができます。この目的のためにインテルリングア語をマスターする

のは勿論本書の中で提供されている内容以外に更なるトレーニングと学習を必要としますが、本書だけでも貴方に大いに役立ってくれます。

4. 各自の母国語に加えて色々な国家間で使用すべき*政治的に中立な補助言語*として世界中の学校でインテルリングア語を使用すること及び一般導入することに向けて働き掛けている国際運動（世界インテルリングア語連合、UMI）に参加すること。自国民に100〜200時間のインテルリングア語のレッスンを保証する多数国間の一つの国際条約は普通の人々の間の言語による意志疎通の分野での一つの革命を示唆することになるでしょう。

インテルリングイスト達（インテルリングア語の話者達）はこの問題点に関してはどちらかというと実用主義者的且つ現実主義者的であり、目下のところ英語が国際間の意志疎通においてこの地位を占めているという事実に気付いています。この事実は米国人及び英国人にあらゆる水準での交渉において全く公平でない莫大な利益を与えています。

世界語及び補助語

経済的、政治的、軍事的又は文化的支配を通じて色々な言語が色々な世紀に世界語でした。アッカド語、ギリシャ語、ラテン語、フランス語そして最近では英語がその例です。如何なる言語もその背後に経済的、政治的又は文化的帝国主義の力なしではそのような優遇された地位を獲得することはできませんでした。近隣諸国にとっては他の国々との意思疎通においてもこのような言語を補助語として学習し、且つ使用することが有益になりました。（補助語の定義はそれがいずれの話者の母国語でもないということです。）

インテルリングア語のそのような地位を得る可能性を切り開く原動力及び活動力は帝国主義とは全く縁遠く、科学技術の文化が世界中に同時に普及して行くことにあり、ギリシャ語及びラテン語の専門用語を使用していることにあります。

人工補助語

簡単な中立の言語を提供することで個人間及び国家間の意思疎通を促進する目的で多数の理想家が*人工語*を発明することに努めました。目立って成功を修めることになった最初の物は1887年にポーランド人の眼科医Ludwik Zamenhofにより作られたエスペラント語でした。彼は偉大

な理想家であり、世界は共通の補助語さえあれば戦争で争い合うことを止めるだろうと信じていました。残念ながら歴史は一つの共通な言語が政治的に分割されている国々を統一するには全く不充分であることを示して来ました。北朝鮮と韓国はまさしくその一例です。

エスペラント語はラテン語、英語、フランス語並びに少数のドイツ語、ポーランド語及びロシア語の単語を混ぜ合わせた物であり、最も頻出する単語は単にZamenhofにより発明されています。これらのロシア語、ドイツ語及びその他の単語は余りにも僅かであるためドイツ人、ロシア人及びその他が何等かの原本を理解する手助けとなるまでには至っていませんが、逆に余りにも多いために何億人ものロマンス諸語の話者がエスペラント語で書かれた物を理解することができません。

下記にエスペラント語で書かれた原文の例を示します（1887年）:

Ĉiam kiam oni diskutas tiajn problemojn en la Unuiĝintaj Nacioj kaj en aliaj internaciaj organizaĵoj, preskaŭ ĉiuj ŝajnas nescii ke ekzistas aliaj eblaj solvoj, ne tiel neraciaj.

インテルリングア語に翻訳すると（1951）:

Sempre quando on discute tal problemas in le Nationes Unite e in altere organisationes international, quasi omnes sembla ignorar que existe altere solutiones possibile, non si irrational.

（このような諸問題を国連及びその他の国際機関で討議するたびに、さほど不合理でない他の可能な解決法が存在することをほぼ誰も知らないように思える。）

エスペラント語は閉鎖された小さな世界の中、即ちエスペラント語の各組織の中、のエスペランチスト（エスペラント語話者）の間でのみ使用することができます。何故ならば外部の誰も何等かのエスペラント語原文を完全に読み、理解することさえできないからです。恐らくエスペラント語で書かれた原文を完全に理解できる人は20万人以上いないであろうし、それを話す人は確実に10万以上いません。数百万人について言及している宣伝は誤っています。彼等の包括的な組織であるUEAは2万人以下の会員を擁しています。

インテルリングア語とは何か?

先ずそれはエスペラント語のように図表的に造られた人工語ではないです。約800個のそのようなプロジェクトが発表されましたが、その大部分は愛好

家による物でした。1924年に*国際補助語協会(IALA)*が創設され、言語学の専門家達にこの問題を調べさせました。彼等は少数のプロジェクトをつぶさに観察することから始めましたが、多数の言語学者との広範囲に渡る協議による徹底調査後に次のような結論を出しました：*国際語が発明される必要はない。それは全ての西洋言語の中、そして世界中の科学専門用語の中、の国際語彙に既に潜在している。*

IALAはそのような単語を集めて標準化しました。単語たる物は少なくとも英語、フランス語、イタリア語、スペイン語／ポルトガル語（1ヶ国語として計算）の内の3ヶ国語内に共通に見られなければならないという原則に従ってのことでした。補足する必要がある場合、IALAはドイツ語及びロシア語の中から探し求めました。大部分のインテルリングア語の単語は極めて多数の他の欧州諸語の中にも存在しています。インテルリングア語の中には人工単語はありません！それは発明されたのではなく、既存の単語を記録しただけの物です。

最も単純な文法が考案されました

IALAにおける調査は Alexander Gode 博士により、又、短期間に亘っては世界的に有名なフランスの言語学教授 André Martinet によっても指揮されました。

その結果は1951年に2冊の本の中で発表されました。

*インテルリングア語・英語辞典(IED)*及びインテルリングア語文法（IG）、著者：Alexander Gode 及び Hugh E.Blair（二つの本は1951年にニューヨークのStorm 出版社により発行）。

その後、色々な辞書や教科書が多数の言語で出版され、文学も出版されています。

本書はスウェーデン語の原作 *Interlingua - instrumento moderne de communication international*（*インテルリングア語 - 国際間の意思疎通のための現代のツール*）。（著者が読み上げる全ての本文のCD録音あり）

各書籍は下記の住所で検索及び購入可能です：

www.interlingua.com/libros 及び

www.lulu.com

"Books"を選び、"Interlingua"と記載して下さい！

現在の世界における意思疎通手段としてのインテルリングア語

今日の世界規模での情報伝達には確かに何等かの国際言語が必要です。

1. 国際平和維持組織.

第一次世界大戦以前に国際連盟はフランス語と英語のみを公用語としていました。国連（UNO）はロシア語、スペイン語、中国語及びアラビア語を追加しました（合計6ヶ国語）。ユネスコは9ヶ国語を擁し、欧州連合（EU）は24ヶ国語の公用語を抱えてもがいています。通訳及び翻訳の経費は甚大です。非効率的であり、又、高価です!

2. 科学関係の出版物は明らかに国際語にとってもってこいの分野です。

インテルリングア語は発表されてから僅かの2、3年で最も克服困難なこの分野で実用されるようになりました。これは1954年にワシントンで第一回国際心臓病学会議が開かれる形で行われました。又、その後で他の色々な会議、特に医学関係の会議もその例に習いました。彼等は自らの摘要を2ヶ国語、即ち原文言語とインテルリングア語のみで発表しました。全てを3ヶ国語あるいはそれ以上の言語で印刷する代わりにそうしたのです。相当額の費用が節約され、しかも医師達はインテルリングア語が何であるかも知らないままインテルリングア語版を読み、理解したのです。約30種類の医学雑誌がキューバ、デンマーク、ペルー、ポーランドそして特に米国で同じことを行い始めました。英語で書いた米国のデータベースは勿論この慣習を減速させました。

3. 他の西洋諸語を学ぶ手段としてのインテルリングア語

世界の各地域の学校にそれを導入した後で情報伝達の機会は無限となるでしょう。これは勿論、全世界が「どれでも良いから共通の」言語を学べば、実現され得ます。それでは何故英語にしないのでしょうか? インテルリングア語は例えば難しい発音と不規則性を抱えた英語より遥かにより易しいので誰もが納得の行く短期間内に習得できます。英語は勿論世界の中で最も重要な言語の内の一つであり続けます。次の点も忘れないで下さい:英語語彙の65％はラテン語由来であるということです。これらはさほど頻出しない単語であり、貴方が英語を学習する中で最初の3、4年間には習いそうにない単語です。しかし、貴方がインリングイストならば、貴方はこれらの単語の多数を既に知っているのです。最も役立つインテルリングア語はアジアやアフリカの人々のためのインテルノングア語ということになるでしょう。何故ならば、それはこれ以上ないというほど最も簡単な

西洋諸語への道を彼等に切り開いてくれるからです。彼等は西洋文化について何を考えようとも技術を必要とするであろうが、この技術こそは多くの場合、西洋諸語の言葉で書かれているのです。

スウェーデンでの教育経験

本書の著者は25年間に亘りスウェーデンの高等学校でインテルリングア語を手段に国際語彙を教えて来ました。

この教育活動はインテルリングア語が諸言語、特にロマンス語、ラテン語及び英語を更に学び進む上で理想的な入門の扉になってくれていることを極めて明白にしました。

インテルリグア語のベース！

その実験的期間中にIALAは同等量の東洋言語を用いた何等かの言語を創造する試みも行いました。例えば中国語、ヒンズー語、インドネシア語及びその他です。しかし、これらの言語も同様に誰にも理解し得ない物であることが判りました。

インテルリングア語の知識を生かし続けるにはどうしたら良いか

読むことです！書籍や電子書籍、そして少なくともUMIの機関紙「パノラマ」を定期的に読むことです。「ラジオ・インテルリングア」及び他のオーディオを聞いて下さい！インテルリングア語の大会や集会に参加して下さい。インテルリグア語を討論グループやフェイトブックの中で書き、スカイプ上で話して下さい！

地元、地域、全国の組織を設立し、インテルリグア語及びその資質を知らせ、より広く使用されるようにして下さい。そのような組織は貴方の国に観光、経済及び文化の面で役立てられるばかりでなく、インテルリングア語が学校のカリキュラムに正式に導入されるまで能動的な使用法を教える上で学校の代わりをすることもできます。生来ロマンス語の話者でない私達は他の外国語の場合より遥かにより少なくではありますが指導と練習はやはり必要とします。

インテルリングア語を他の補助語の候補と最も明確に区別しているのはインテルリグア語は既にその独自の運動という閉鎖的世界を超えて実践使用においても使用できるという事実です。

本当の問題は心理的に受け入れられる言語を開発することです。インテルリグア語の場合、現実的な選択肢が得られたことになります。何故ならばこの言語こそは地球規模で共通な言語など余りにもユートピア的だと考える人々からも有用であるとして受け入れられているからです。

謝辞/REGRATIAMENTOS

日本の吉田茂氏に心より感謝する。彼は多数の言語について深く且つ広範囲に渡る知識を有するプロの翻訳家、非凡な言語学的才能を持つ紳士であり、日本の学習者のために本書を翻案してくれた。

更には多大なる感謝をデンマークのBent Andersen氏、スウェーデンのErik Enfors氏にも表明する。両氏はこの出版の技術面で無数の時間を捧げてくれた。又、私達はスウェーデンのベリイェル・藤本里子夫人が各種の助言を与えてくれたことに深く感謝している。

本書の日本語訳は原作のスウェーデン語版「インテルリングア語 ― 国際間の意思疎通のための現代のツール。言語の中の言語」の第15版をCatriona Chaplin博士が英訳したものからなされた。

私は本書を私の妻Beritの思い出に捧げる。

スウェーデン国ヴァールベリ市、2013年8月

Ingvar Stenström
Vegagatan 12
SE-43236 VARBERG, Svedia
Tel. +46-(0)340-15053
Mobile 0766-33 60 94
ingvar.stenstrm at telia.com
Signatura in Skype: ingvarst
www.interlingua.nu
www.interlingua.com

www.ingramcontent.com/pod-product-compliance
Lightning Source LLC
LaVergne TN
LVHW051631080426
835511LV00016B/2288